品格

怎麼教②？

讀報與修辭寫作

吳淑玲　策畫主編

萬榮輝等　著

策畫主編簡介

吳淑玲

- 曾任教台北市立教育大學幼教系及多所大專校院幼保系,講授「兒童文學」、「幼兒文學與創作」、「幼兒資訊教學與應用」、「世界文學名著導讀」、「親職教育」等課程,目前為馬偕護校幼保系兼任講師
- 教育部語文教學專案研究、幼兒園、托兒所評鑑委員
- 全國「好書大家讀」年度總評審委員
- 各縣市故事志工培訓指導老師
- 國小及幼兒園輔導團「語文」、「性別平等」、「品格教育」行動研究指導老師
- 2006 年起,教育部五年輔導計畫公私立幼稚園、托兒所輔導老師
- 2006 ～ 2008 年台北市公立托兒所新移民及弱勢家庭語文督導
- 2007 ～ 2009 年桃園縣教育局托兒所、幼稚園、國小閱讀專案指導老師

作者簡介

作者簡介			
姓名	學歷	經歷	現職
萬榮輝	國立台北師範學院課程與教學研究所碩士	國小教師、組長、總務主任、教務主任、輔導主任、桃園縣國民教育輔導團成員	桃園縣大崗國小校長
魏慶雲	國立台北教育大學數學教育研究所	國小教師、組長、代理主任、桃園縣國民教育輔導團成員	桃園縣北門國小教師
黃瓊惠	台北市立師範學院學士	國小教師	桃園縣北門國小教師
黃淑芬	淡江大學學士	國小教師	桃園縣北門國小教師
李燕梅	國立嘉義大學學士	國小教師	桃園縣西門國小教師
林金慧	銘傳大學應用中文研究所碩士	國小教師	桃園縣同安國小教師
李明娟	國立海洋大學學士	國小教師、組長	桃園縣北門國小教師
呂宜靜	新竹教育大學學士	國小教師	台中市上安國小教師
陳杍鈴	新竹教育大學學士	國小教師	國小代課教師
褚雅如	美國奧本大學蒙哥馬利分校學士	國小教師	桃園縣同德國小教師
陳淑霞	台北市立教育大學數學資訊教育研究所碩士	國小教師、組長	桃園縣北門國小教師
劉惠文	國立嘉義大學學士	國小教師	國小代課教師

作者簡介			
姓名	學歷	經歷	現職
葉美城	國立花蓮師範學院學士	國小教師、組長	桃園縣北門國小教師
王勇欽	國立台中師範學院學士	國小教師、組長	桃園縣北門國小教師
林佩娟	國立台北師範學院課程與教學研究所碩士	國小教師、主任	桃園縣同德國小教務主任
陳鈺媼	新竹教育大學學士	國小教師	桃園縣同德國小教師
范郁敏	台東師範學院學士	國小教師	桃園縣同德國小教師
鄭伊妏	新竹教育大學學士	國小教師	桃園縣莊敬國小教師

張序

生命之可貴，在於永遠有令人驚喜的柳暗花明。

教育之可貴，在於永遠能激發孩子心性裡的真、善、美。

由於執掌著全縣教育政策的執行與考核，便有許多與各級學校教師們面對面接觸的機會。接觸中發現：不管在怎樣的單位裡，總能看到全心為教育付出的老師們。這些老師身上所散發出的光與熱，常讓我為之驚喜：為莘莘學子能有幸接受最生動活潑的學習而驚喜，也為教育能量的充分發揮而驚喜。看著這些身在第一線的教師，努力的讓我們的孩子獲得更多、更好的學習，除了驚喜，更有許多欽佩。

在這些令人欽佩的老師們中，有一群最基層的國小教師們，近三年來不停的在「閱讀」、「寫作」與「品格」的教學上積極研究，嘗試著以各種素材作為教學內容，期待以最生動而有效的方式，給學生帶來不一樣卻精彩無比的學習過程。去年他們將教學過程整理成一本行動研究報告《品格怎麼教？》，已由心理出版社發行，並成為本縣專書研讀的指定書籍之一。如今他們又將最新的行動研究內容，集結成冊，要與大家分享他們的成果。

這種自發性的研究，與本處近年一直推動「在原有的課程內，以不增加教師備課的時間與難度的情況下，精進教學能力與技巧」的理念恰好不謀而合。

本套書的研究團隊，在吳淑玲教授的指導下，利用一年時間，研究的教學方向是：以國語日報為素材、以自學為基礎、以品格為中心，同時融入了修辭與寫作的內容。其目的則為：使用學生、家長或老師可以簡單取得的學習素材，利用有系統的學習指導，自學完成各單元的學習單，達成品格與寫作的學習效果，而且不增加教師或家長的負擔。

　　本套書的內容涵蓋了低、中、高年級的學習進度，依不同年段給予不同的深度與廣度的指導與學習。其中最特別的是為各年段學生設定學習常模，使指導者可以有學習成效的考核依據。這份學習常模的內容與九年一貫的能力指標並不相同，乃是根據團隊中資深教師在長久的教學歷程中，對學生的學習狀況及能力表現之觀察所得。常模中所列的條目儘管不多，卻深具參考價值，也是研究團隊中資深優良教師的經驗結晶。

　　好的教學經驗值得分享，好的教學方法應該傳承，好的學習環境需要家長、教師與行政單位的互相配合。教與學之中對師與生所產生的感動與成長，是所有教育從業人員生命中永不停止的驚喜。期待所有的教師都能成為學生學習過程中的貴人，共同見證孩子所散發出的真、善、美。因為惟有教師的誨人不倦，才能成就百年樹人的國家大計。

桃園縣教育處處長

張明文　博士

歐 序

　　「倫理道德該怎麼教？品格該如何培養？」這是許多父母和教師在面對家庭與社會教育功能式微、甚或負向影響漸顯之際，心中產生的疑惑。根據《天下雜誌》進行的「學生品格教育大調查」統計，有七成以上的受訪家長和老師，認為國中小學生的品格教育比十年前還差，更令人憂心的是，老師們覺得自己的影響力不及電視傳媒的炒作，也不如兒童同儕的相互影響。究竟學校和教師對於孩子的品格養成還能扮演什麼樣的角色？

　　桃園市北門國小的一群老師們長期關注品格教育，在萬榮輝主任帶領下，以輕鬆而多元的方式來實施品格教學，這套書就是他們的研究成果。書中的教學活動嘗試運用報紙作為教材來源，讓孩子在學會認識報紙、閱讀報紙文章與聽聞社會時事的同時，發現其中蘊含的品格內涵；再透過討論與體驗的活動，讓孩子從反省自己的行為中，體會良好品格的意義，並在日常生活中實踐出來。這種教學過程將知識、反省、體驗和實踐統整於生活中，應該是實施品格教育最有效的方法。

　　本套書的另一個特色是，除了讓孩子建立良好的品格行為外，也設計了一系列認識修辭的教學單元，例如從順口溜中認識修辭，從報紙文章中發現修辭，再從例句中去運用修辭。讓孩子在閱讀報紙的同時，不但能知曉天下國家之大事，培養其寬宏的態度與世界觀；認識與體驗品格的意義內涵，涵養其正確的品格與人生觀；甚至學習到文章中文藻修辭之美，進而提升其語文的欣賞與運用能力。

　　品德教育屬教育之基礎工程，其重要性不可言喻。但品格的涵養卻需長時間的播種。父母和教師如果能將家庭和學校耕耘為品格的苗圃，用心灌

溉，品格一定會在孩子內心生根。希望這本書提供的經驗和實例，激發教師和家長們的創新與靈感，一起荷鋤播種，共同努力，培養有品格的下一代！

大同大學通識教育中心

歐用生

2008 年 5 月

策畫主編序

讀報教學，建立品格好典範

～培養「分析、思辨和實踐的品格力」

⊙ 什麼是「NIE」？

　　NIE（Newspaper In Education）指的是「讀報教育」。讀報教育起源於 1955 年的美國，目的是為了提升學童的讀寫能力，養成閱讀習慣。超過 20 年的推廣，每年南加州地區 35 所以上學校，超過 5 萬名學童受惠。多年來總計有 1300 萬份報紙送到兒童的手上。目前美國 40% 公立中小學實施，超過 1000 萬學生參與。以紐約市小學生為例，各科表現提升，文章解讀能力更提高了四倍之多。

⊙ 為什麼要倡導讀報？

　　聖地牙哥大學教育系專研讀寫領域的 Edward F. DeRoche 教授（dean of the School of Education at the University of San Diego）指出，「當今社會中有些成人低成就，是因為欠缺基礎的讀寫能力。提供報紙鼓勵學童閱讀，在教育上有適時的支持點，能為學童打開世界之窗，邁向成功之路。」報紙提供即時資訊，報導內容涵蓋全球，措辭遣字言簡意賅，是培養讀寫能力的好教材。

⊙ 哪些國家實施NIE教育？

　　北歐的挪威、瑞典，將 NIE 納入學校教育，法國有政府支援，從幼稚園開始推動，日本成立 NIE 全國中心，新加坡政府支援，學生人手一報。NIE 教育推廣，需要民間與政府一起投注心力，更能顯見成效。

⊙ 報紙在小學教學上的應用

　　「認識報紙」、「解析時事」、「語文練習」是讀報教育的基模，師生共同蒐集各篇報導，不僅關心時事，更能學習修辭，進一步以品格德目為探討主軸，將「品格、讀報、寫作」緊密的連結。

實施方式：

1. 採用一班一報制，分組蒐集相關品格文章。
2. 認識各修辭法（請參考低中高年段閱讀架構表）
3. 認識各品格定義（本套書以六大品格「關懷、尊重、信賴、誠實、責任及公平正義」為主）
4. 創意寫作練習
5. 遊戲活動設計
6. 品格行為檢核

⊙ 內容介紹

　　本套書共分低年級、中年級和高年級三部分。

低年級讀報教學精彩內容，包括：

1. 讀報教學：「知識百寶袋」活動。
2. 寫作教學：「故事藏寶圖」、「修辭加油站」、「語詞萬花筒」、「童話狂想曲」、「圖像急轉彎」等。
3. 品格教學：「品格放大鏡」活動。

中年級讀報教學精彩內容，包括：

1. 品格新聞／品格文章。
2. GPS（衛星導航）找新聞基本元素／找文章大意。
3. 佳言美句 PDA：找出文章中的佳言美句。
4. 修辭下午茶：由文章的句子進行修辭練習。

5. 品格搜查隊：品格內涵的認識、品格相關的活動。

6. 品格一線牽：勾選出具品格代表性的古今中外名人或事件。

7. 品格名言：列出許多偉人的品格名言。

8. 文章放大鏡：延伸介紹文章中提到的歷史、自然、時事、生活常識、語文遊戲等。

9. 品格溫度計：寫出自己生活中符合該項品格的事例，然後在溫度計中標示達到的程度。

高年級讀報教學精彩內容，共三部分：

1. 分別選用六大品格的文章，透過「品格 E.Z. go」的活動，加強對六大品格的認識。

2. 以「鳳博士講座」、「豹博士講座」的形式帶領孩子認識六種作文常用的開頭與結尾寫法。藉由分析文章的開頭結尾結構，以及範文的舉例，讓孩子能夠了解這些用法。再利用不同的練習方式，如：圖片情境寫作、短文情境寫作、剪報活動、仿寫等，再次加深孩子對這些開頭結尾法的使用。

3. 為了銜接低、中年級的修辭教學，高年級版中將帶領學生認識較難的六種修辭法——排比、映襯、借代、轉化、頂真、層遞，利用配對、填空、仿寫的方式，讓孩子能夠在讀報遊戲中學習修辭。

　　此外，低中高各年段均有「聆聽態度」、「語言表達」、「閱讀能力」、「文字表達」、「學習成效」表單，提供學生自我能力檢核；並附有全國適用的低中高年段學生的「閱讀與寫作能力指標」，提供家長與教師參考。而培養「分析、思辨和實踐的品格力」是讀報與品格教學研究的主要目的。

　　品格與讀報研究歷時兩年，老師們任教於各校，均利用課餘時間（寒暑假亦同）主動且積極研討。分組研究，集體報告，共同分享，是讀報與品格小組的執行模式。各年段資訊交流，拓展自己的教學視野；就事論事的提

問，提升自己的教學專業；珍貴解析品格與修辭經驗，讓我們全盤了解一至六年級學童的語文修辭必要養成要素，並深刻體會到品格養成的重要。期間有多位老師考上研究所，課業繁重，仍持續參與研究，努力的精神令我們十分感佩！很榮幸與這一群對教學有熱忱，對語文有熱愛的老師共事！

感謝桃園市北門國小林校長梅鶯鼎力支持，萬主任榮輝積極推動，各年段召集人魏慶雲老師、陳淑霞老師的協助，還有研究小組每位老師的認真投入。當然，還要感謝心理出版社林總編輯的肯定及文玲編輯的耐心聯繫，專業編排，讓這套書能章節分明的呈現在每位讀者面前。

期盼各位教育先進不吝指正！！

吳淑玲

謹誌於台北 2008 年夏

作者序

《品格怎麼教 2 ？讀報與修辭寫作》當您拿到這本書時，您期待看到的是什麼？我們期待能讓您看到的是品格的探究、讀報的能力與寫作技巧的建構，一個一魚多吃，三者兼得的內容。

　　品格、創意、語文是未來的競爭能力所在，但我們並未有「孩子你不能輸在起跑點上的想法」，我們只希望孩子能提早建立閱讀習慣，提供孩子一個豐富的品格閱讀環境。希望當環境產生了質變，行為與思考也就會跟著產生改變。所以書中練習題多以勾選或填空方式呈現，希望小讀者能在一個無壓力狀況下學習，結合閱讀活動，兼顧語文和品格能力提升。

　　「種一個意念，收一個行動；種一個行動，收一個習慣；種一個習慣，收一個品格；種一個品格，收一個命運。」孩子品格力培養的最好時機與效果就在實際的生活裡，而更重要的影響還是在大人們身教、言教潛移默化中。當我們願意用心和行動來多陪孩子走一段路，培養他們良好的品格，給予他們正確的價值，這將是孩子們最美的資產。

北門國小輔導主任

萬榮輝

目 錄

認識報紙

閱讀報紙前，首先需要先認識報紙，要知道的部分如下：

一、認識報紙版面

1. 知道版名、刊頭、發行日期等。
2. 認識各版的特色，如：體育、文藝、社會新聞、國際新聞……等。

二、知道如何閱讀報紙文章

1. 閱讀的方式，如：應該由上到下，由右到左的閱讀文章（直書的版面），或由左到右，由上而下的閱讀（橫書的版面）。
2. 閱讀的內容應注意：標題／題目、記者／作者、插圖、圖片解釋。

三、進行剪報時應注意的資訊

1. 記錄下「報紙來源」、「日期」、「版名」等。
2. 認識新聞稿的重要內涵——Where（何地）、When（何時）、What（什麼）、Who（何人）、Why（為什麼）、How（如何）。

四、發現文章或報導中品格的元素

1. 能指出文章內所表現出的人、事與哪一項品格相關。
2. 能分辨其所呈現的品格項目，是正向的抑或是負向的表現。
3. 能根據文章內容做自我檢討。

開始練習吧！

【學習單一】

讀報小達人（一）

✿ 我是讀報小達人：＿＿＿＿＿＿＿＿＿＿＿＿

✿ 今天我讀的報紙是：＿＿＿＿＿＿＿＿＿＿＿＿

✿ 今天報紙出刊的日期是：

中華民國＿＿＿＿年＿＿＿＿月＿＿＿＿日　星期＿＿＿＿

✿ 我在這份報紙上看到了：

〈看到的請打勾，可以複選喔！〉

□ 報紙名稱	□ 今天的日期和天氣	□ 訂報電話
□ 投稿文章	□ 新聞	□ 照片
□ 節目表	□ 廣告	□ 漫畫
□ 徵稿啟事	□ 新聞記者（文章作者）	
□ 投稿繪畫作品	□ 版面編號及版面名稱	
□ 還有＿＿＿＿＿＿＿＿＿＿＿＿＿＿＿＿＿＿＿＿＿＿		

✿ 連連看：我知道報紙刊頭的意思是

焦點新聞 ★　　　　　★自然科學類知識新聞

地方新聞 ★　　　　　★各地方發生的事件與消息

文教新聞 ★　　　　　★小朋友的繪畫作品欣賞

科學教室 ★　　　　　★今天最重要的頭條新聞

藝術教室 ★　　　　　★文化與教育相關的新聞

【學習單二】

 # 認識報紙大進擊

___年___班　姓名_____

聰明的小朋友：

　　現在你對報紙一定不陌生了吧！請你趕緊拿出手邊的報紙，看著報紙的版面，好好的來認識一下報紙吧！

　　「版面」是指報紙的外在面貌，報紙版面的各部分名稱和訊息也各有不同，我們先從第一張開始認識報紙的「報頭」和「報眉」。

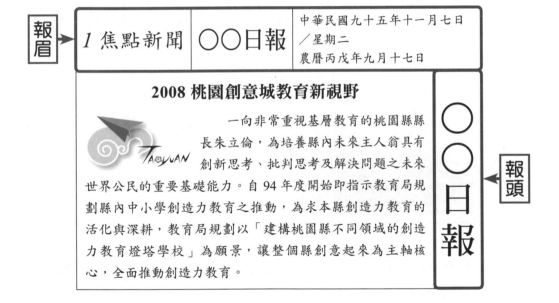

　　你從報紙中找到了這些地方嗎？請你試著從報紙中找出這些問題的答案：

1. 你手中報紙的出刊日是中華民國_____年_____月_____日

2. 這份報紙的創刊時間是：_____

3. 請你寫出報頭中本報的名稱：

_____

認識了報紙的「報頭」和「報眉」之後，我們來了解這份報紙的其他內容吧！

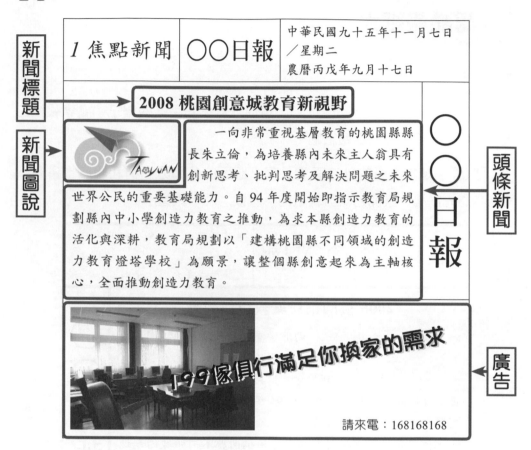

通常今天最重要的新聞會放在第一張報紙的頭條新聞中，請你將手中報紙頭條新聞的新聞標題寫出來：

_____

請你寫出手中報紙的「新聞圖說」主題是什麼？

_____

你可以為「新聞圖說」想想另外一個主題嗎？

_____

看完第一張，我們趕緊翻開報紙的其他版面，每個版面都有不同的名字和內容喔！

13 教育　　**○○日報**　中華民國九十五年十一月七日／星期二
農曆丙戌年九月十七日

版名 →　**專欄** →

演出聲命的熱力與創意

品格、創意、語文是未來的競爭能力所在，但我們並未有「我們能贏在起跑點上的想法」，我們只希望孩子能提早建立閱讀習慣，提供孩子一個豐富的品格閱讀環境。希望當環境產生了質變，行為與思考也就會跟著產生改變。所以書中練習題多以勾選或填空方式呈現，希望小讀者能在一個無壓力狀況下學習，結合閱讀活動，兼顧語文和品格能力提升。

「種一個意念，收一個行動；種一個行動，收一個習慣；種一個習慣，收一個品格；種一個品格，收一個命運。」孩子品格力培養的最好時機與效果就在實際的生活裡，而更重要的影響還是在大人們身教、言教潛移默化中。當我們願意用心和行動來多陪孩子走一段路，培養他們良好的品格，給予他們正確的價值，這將是孩子們最美的資產。

北門國小為配合本月份身心障礙宣導月主題「因為有愛，幸福無礙」活動，引導學生進一步理解及關懷身心障礙者，甚至向身心障礙者學習其不畏天生困境而勇於追求自己夢想的精神，特地利用 11 月 9 日上午時間邀請街頭視障歌手阿邦到校進行街頭演唱，並於期間與全校學生分享其創作的奮鬥歷程，同時與全校學生共勉。

阿邦本名徐承邦，民國 74 年生，因早產導致雙目失明，民國 80 年進入台北啟明學校就讀。從小，在爺爺的薰陶下，開始接觸音樂，學習吹奏口琴，在啟明學校就讀期間，接受更有系統的音樂訓練，先後加入符音合唱團、小精靈樂團。

也許是因為看不見的關係吧！玩起音樂來格外專注認真。對節奏有一種與生俱來的獨特敏銳感覺。他也發現，越是了解音樂，對音樂的喜愛越發狂熱，更想把這種感動，分享給所有認識與不認識的朋友。

北門國小今日的身心障礙宣導活動，除了帶給全校師生不一樣的體驗外，也讓小朋友相信只要發揮自己的優勢智慧，認真努力地追求夢想，生活一樣可以過得很精彩。

請你翻翻報紙，將每個版面的名稱寫下來：

第一版：＿＿＿＿＿＿＿＿＿　　第二版：＿＿＿＿＿＿＿＿＿

第三版：＿＿＿＿＿＿＿＿＿　　第四版：＿＿＿＿＿＿＿＿＿

第五版：＿＿＿＿＿＿＿＿＿　　第六版：＿＿＿＿＿＿＿＿＿

第七版：＿＿＿＿＿＿＿＿＿　　第八版：＿＿＿＿＿＿＿＿＿

第九版：＿＿＿＿＿＿＿＿＿　　第十版：＿＿＿＿＿＿＿＿＿

第十一版：＿＿＿＿＿＿＿＿　　第十二版：＿＿＿＿＿＿＿＿

第十三版：＿＿＿＿＿＿＿＿　　第十四版：＿＿＿＿＿＿＿＿

第十五版：＿＿＿＿＿＿＿＿　　第十六版：＿＿＿＿＿＿＿＿

你最喜歡的版面是＿＿＿＿版，為什麼？

＿＿＿＿＿＿＿＿＿＿＿＿＿＿＿＿＿＿＿＿＿＿＿＿＿＿＿＿＿

【學習單三】

 讀報小達人（二）

✿ 我是讀報小達人：＿＿＿＿＿＿＿＿＿

✿ 我剪報的標題是：

＿＿＿＿＿＿＿＿＿＿＿＿＿＿＿＿＿＿＿＿＿＿＿

✿ 在這篇剪報裡出現的人物有：

＿＿＿＿＿＿＿＿＿＿＿＿＿＿＿＿＿＿＿＿＿＿＿

✿ 請完整的剪下一則文章或報導貼在下面，並寫出來源、日期和版面。

剪報黏貼處

剪報來源：＿＿＿＿＿＿＿＿＿報

日期：＿＿＿年＿＿＿月＿＿＿日

版面：第＿＿＿版　版名＿＿＿＿＿＿＿＿＿

【學習單四】

 我是剪報高手

____年____班____號　姓名_____

剪報高手		剪報日期	
剪報來源／日期		版面名稱	

<table>
<tr><td colspan="4" align="center">剪報內容</td></tr>
<tr><td colspan="4" align="center" height="600">剪報黏貼處</td></tr>
</table>

看了這篇文章我的心得感想：

_____

_____

_____

_____

高年級課程設計理念說明

一、特色

本教學活動主要分為首部曲、二部曲及三部曲的橫向統整設計,其主要課程與教學創新內容簡述如下,並精要說明教學活動之進行,以作為教師及家長教學運用之參考。

首部曲

在首部曲,分別選用六大品格的文章,透過「品格 E.Z. go」的活動,複習孩子對六大品格的認識。接下來,以「鳳博士講座」的形式帶領孩子認識六種作文常用的開頭寫法。藉由分析文章的開頭結構,以及範文的舉例,讓孩子能夠了解這些開頭法的用法。

再利用不同的練習方式,如:圖片情境寫作、短文情境寫作、剪報活動、仿寫等,再次加深孩子對這些開頭法的使用。

此外,為了銜接低、中年級的修辭教學,在首部曲中,將帶領學生認識較難的六種修辭法——排比、映襯、借代、轉化、頂真、層遞,利用配對、填空、仿寫的方式,讓孩子能夠學會使用這些修辭法。

❀ 在這個活動中,學生將要:

1. 透過「品格 E.Z. go」的活動,加深對六大品格的認識。
2. 藉由「鳳博士講座」的講解,認識且學習分辨六種常見的開頭法。
3. 利用各種開頭法的練習,增加六種開頭法的練習。
4. 學會仿寫六種開頭法。

❀ **在這個活動中，家長將要（進行親子教學）：**

1. 陪同孩子一同閱讀文章，及探討文章中的六大品格，並進行機會教育。

2. 透過「鳳博士講座」的講解與範文舉例，家長可在旁一同分析不同開頭法的特性，提升孩子學習六種開頭法的能力。

3. 家長可在旁指導孩子進行開頭法仿寫寫作。

4. 利用「修辭達人」，家長可指導孩子對六種修辭的認識。

❀ **在這個活動中，教師將要（進行全班教學）：**

1. 先帶領全班進行文章閱讀。

2. 請學生嘗試分辨文章所使用的開頭法，並利用文章及其他範例，再進行開頭法的解說。

3. 讓學生一同進行開頭法的練習，再進行開頭法的仿寫。老師在旁協助指導。

4. 利用「修辭達人」，搭配語文課本，進行六種修辭法的教學。

❀ **學生能力檢核表（於教學完畢後提供學生自省）**

學習目標檢核	
聆聽態度	□ 能正確記取聆聽內容，並找出重點。
	□ 能尊重別人的發表。
語言表達	□ 能將聽取的讀報內容，正確判斷出文章符合的品格，並能上台發表內容。
	□ 能從內容中，找出符合相關品格的一段話。
閱讀能力	□ 能體會文章中對人事物的相關品格。
	□ 能夠判斷文章的品格主題，熟悉字詞字句。
	□ 能夠判斷開頭方法，並學習技巧。
	□ 能概略了解通篇文章段落及找出修辭。

文字表達	□ 能夠收集各類寫作題材，選擇材料，進行開頭練習。
	□ 能夠練習修辭，並且能加以應用。
	□ 熟悉作文的開頭方法，並進行寫作。
學習成效	□ 能分享文章中相關品格的內容。
	□ 能透過閱讀省思自己的行為。

二部曲

　　在二部曲，同樣利用六大品格的文章，透過「品格 E.Z. go」的活動，複習孩子對六大品格的認識。接下來，以「豹博士講座」的形式帶領孩子一同認識六種作文常用的結尾法。藉由分析文章的結尾結構，以及範文的舉例，讓孩子能夠了解這些結尾法的用法。

　　再利用不同的練習方式，如：圖片情境寫作、短文情境寫作、剪報活動、仿寫等，再次加深孩子對這些結尾法的使用。

　　此外，接續首部曲的修辭法練習，利用配對、填空、仿寫的方式，讓孩子再次複習這些修辭法。

在這個活動中，學生將要：

1. 透過「品格 E.Z. go」的活動，加深對六大品格的認識。
2. 藉由「豹博士講座」的講解，認識且學習分辨六種常見的結尾法。
3. 利用各種結尾法的練習，增加六種結尾法的練習。
4. 學會仿寫六種結尾法。

在這個活動中，家長將要（進行親子教學）：

1. 陪同孩子一同閱讀文章，及探討文章中的六大品格，並進行機會教育。
2. 透過「豹博士講座」的講解與範文舉例，家長可在旁一同分析不同結尾法的特性，提升孩子學習六種結尾法的能力。

3. 家長可在旁指導孩子進行結尾法仿寫寫作。

4. 利用「修辭達人」，家長可指導孩子複習六種修辭。

❀ 在這個活動中，教師將要（進行全班教學）：

1. 先帶領全班進行文章閱讀。

2. 請學生嘗試分辨文章所使用的結尾法，並利用文章及其他範例，再進行結尾法的解說。

3. 讓學生一同進行結尾法的練習，再進行結尾法的仿寫。老師在旁協助指導。

4. 利用「修辭達人」，再次複習六種修辭法。

❀ 學生能力檢核表（於教學完畢後提供學生自省）

學習目標檢核	
聆聽態度	☐ 能學習說話者的發表方式與技巧。
	☐ 能尊重發表的人，讓對方充分表達意見。
語言表達	☐ 能夠在眾人面前流暢的唸出文章，且重視抑揚頓挫。
	☐ 能閱讀完文章內容，發表自己的意見。
閱讀能力	☐ 能體會文章中對人事物的責任相關行為。
	☐ 能夠記錄文章中品格的內容，並且摘錄出來。
	☐ 能夠判斷文章的六大品格相關主題。
	☐ 能從報紙中找到相同結尾法的文章。
文字表達	☐ 能夠收集各類寫作題材，選擇材料，進行結尾練習。
	☐ 能夠練習修辭，並且能加以應用。
	☐ 熟悉作文的結尾方法，並進行寫作。
學習成效	☐ 能分享文章中相關品格的內容。
	☐ 能透過閱讀省思自己的行為。

三部曲

　　在三部曲，一樣利用六大品格的文章，透過「品格 E.Z. go」的活動，複習孩子對六大品格的認識。接下來，以「鳳博士講座」、「豹博士講座」的形式，讓孩子認識六種作文常用的開頭法與結尾法。藉由分析文章的開頭、結尾結構，以及範文的舉例，帶領孩子學習如何在一篇文章寫出好的開頭與結尾，做美妙的搭配。

　　再利用不同的練習方式，如：圖片情境寫作、短文情境寫作、剪報活動等，練習這些開頭法與結尾法。最後，透過情境引導以及開頭法與結尾法的要求之下，讓孩子學習仿寫作文，加深孩子對這些開頭結尾的使用。

　　此外，接續首、二部曲的修辭法練習，利用配對、填空、仿寫的方式，讓孩子再次複習這些修辭法。

❀ 在這個活動中，學生將要：

1. 透過「品格 E.Z. go」的活動，加深對六大品格的認識。
2. 藉由「鳳博士講座」、「豹博士講座」的講解，認識且學習分辨六種常見的開頭法、結尾法。
3. 利用各種開頭法及結尾法的練習，增加六種開頭結尾的練習。
4. 學會寫一篇完整的文章，並同時使用學過的開頭結尾。

❀ 在這個活動中，家長將要（進行親子教學）：

1. 陪同孩子一同閱讀文章，及探討文章中的六大品格，並進行機會教育。
2. 透過「鳳博士講座」、「豹博士講座」的講解與範文舉例，家長可在旁一同分析不同開頭結尾的特性，提升孩子學會使用六種開頭結尾的能力。
3. 家長可在旁指導孩子進行結尾法仿寫寫作。
4. 利用「修辭達人」，家長陪同孩子再次複習六種修辭。

❀❀ **在這個活動中，教師將要（進行全班教學）：**

1. 先帶領全班進行文章閱讀。

2. 請學生嘗試分辨文章所使用的開頭結尾法，並利用文章及其他範例，再進行開頭結尾的解說。

3. 老師針對同一篇文章中開頭結尾的搭配進行分析、講解，讓學生未來使用相同主題的作文能夠靈活運用。

4. 透過情境引導以及開頭法與結尾法的要求之下，老師在旁指導學生如何仿寫作文。

5. 利用「修辭達人」，再次帶領學生複習六種修辭法。

❀❀ **學生能力檢核表（於教學完畢後提供學生自省）**

學習目標檢核	
聆聽態度	☐ 尊重發表的人，讓對方充分表達意見。
	☐ 能夠透過聆聽文章，思考並說出自己對該品格的看法。
語言表達	☐ 能閱讀完文章內容，發表自己的意見。
	☐ 能說出文章的主旨與大意。
閱讀能力	☐ 能夠判斷文章具有的品格。
	☐ 能體會文章中對人事物的相關品格。
文字表達	☐ 能發揮想像力，嘗試創作。
	☐ 能應用改寫、續寫、擴寫、縮寫等方式寫作。
	☐ 練習從審題、立意、選材、安排段落及組織等步驟，應用學過的開頭法與結尾法，習寫作文。
	☐ 能夠練習修辭，並且能加以應用。
	☐ 能夠正確流暢的遣辭造句、安排段落、組織成篇。
學習成效	☐ 能分享文章中相關品格的內容。
	☐ 能透過閱讀省思自己的行為。

二、課程架構

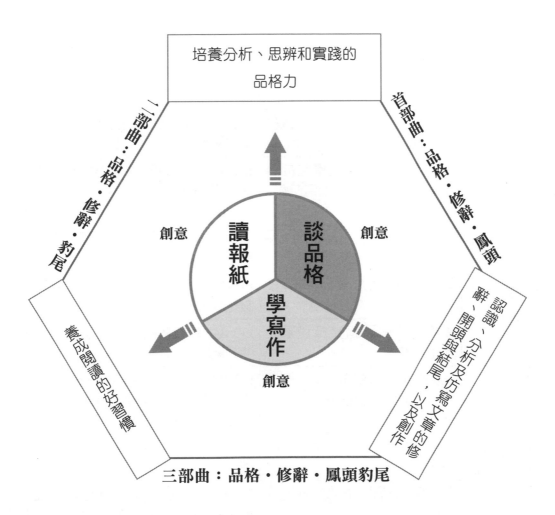

培養分析、思辨和實踐的品格力

首部曲…品格・修辭・鳳頭

認識、分析及仿寫文章的修辭、開頭與結尾，以及創作

三部曲：品格・修辭・鳳頭豹尾

養成閱讀的好習慣

二部曲…品格・修辭・豹尾

讀報紙　談品格　學寫作

創意　創意　創意

三、高年級學生閱讀與寫作常模

		學習目標	對應九年一貫能力指標
首部曲	聆聽態度	能正確記取聆聽內容，並找出重點。	B-2-2-10-11 能正確記取聆聽內容的細節與要點。
		能尊重別人的發表。	B-2-1 能培養良好的聆聽態度。
	語言表達	能將聽取的讀報內容，正確判斷出六大品格，並能上台發表內容。	C-2-1-2-3 在看圖或觀察事物後，能以完整語句簡要說明其內容。
		能從內容中，找出符合六大品格的一段話。	C-2-2-4-5 能說出一段話或一篇短文的要點。
	閱讀能力	能體會文章中對人事物的尊重、關懷、誠實、公平正義、信賴及責任。	E-2-4-7-4 能將閱讀材料與實際生活情境相連結。
		能夠判斷文章的品格主題，熟悉字詞字句。	E-2-1 能掌握文章要點，並熟習字詞句型。
		能夠判斷開頭方法，並學習技巧。	E-2-3-2-1 能了解文章的主旨及取材結構。
		能概略了解通篇文章段落及找出修辭。	E-2-3-2-2 能概略理解文法及修辭的技巧。
	文字表達	能夠收集各類寫作題材，選擇材料，進行開頭練習。	F-2-6-7-1 練習利用不同的途徑和方式，收集各類可供寫作的材料，並練習選擇材料，進行寫作。
		能夠練習修辭，並且能加以應用。	F-2-8 能把握修辭的特性，並加以練習及運用。
		熟悉作文的開頭方法，並進行寫作。	F-2-6 能依收集材料到審題、立意、選材、安排段落、組織成篇的寫作步驟進行寫作。
	學習成效	能分享文章中尊重、關懷、誠實、公平正義、信賴及責任。	
		能透過閱讀省思自己的行為。	

		學習目標	對應九年一貫能力指標
二部曲	聆聽態度	能學習說話者的發表方式與技巧。	B-2-3-9-2 能主動學習說話者的表達技巧。
		能尊重發表的人，讓對方充分表達意見。	B-2-1-5-2 能讓對方充分表達意見。
	語言表達	能夠在眾人面前流暢的唸出文章，且重視抑揚頓挫。	C-2-2-1-1 說話時能保持適當的速度與音量。
		能閱讀完文章內容，發表自己的意見。	C-2-1 能充分表達意見。
	閱讀能力	能體會文章中對人事物的尊重、關懷、誠實、公平正義、信賴及責任。	E-2-4-7-4 能將閱讀材料與實際生活情境相聯結。
		能夠記錄文章中品格的內容，並且摘錄出來。	E-2-8-9-4 能主動記下個人感想及心得，並對作品內容摘要整理。
		能夠判斷文章的品格主題。	E-2-10-10-2 能夠思考和批判文章的內容。
		能從報紙中找到相同開頭法的文章。	E-2-6-3-3 學習資料剪輯、摘要和整理的能力。
	文字表達	能夠收集各類寫作題材，選擇材料，進行結尾練習。	F-2-6-7-1 練習利用不同的途徑和方式，收集各類可供寫作的材料，並練習選擇材料，進行寫作。
		熟悉作文的結尾方法，並進行寫作。	F-2-6 能依收集材料到審題、立意、選材、安排段落、組織成篇的寫作步驟進行寫作。
		能夠練習修辭，並且能加以應用。	F-2-8 能把握修辭的特性，並加以練習及運用。
	學習成效	能分享文章中尊重、關懷、誠實、公平正義、信賴及責任。	
		能透過閱讀省思自己的行為。	

		學習目標	對應九年一貫能力指標
三部曲	聆聽態度	能尊重發表的人,讓對方充分表達意見。	B-2-1-5-2 能讓對方充分表達意見。
		能夠透過聆聽文章,思考並說出自己對該品格的看法。	B-2-2-10-12 能從聆聽中,思考如何解決問題。
	語言表達	能閱讀完文章內容,發表自己的意見。	C-2-1 能充分表達意見。
		能說出文章的主旨與大意。	C-2-3-7-7 說話用詞正確,語意清晰,內容具體,主題明確。
	閱讀能力	能夠判斷文章的品格主題。	E-2-10-10-2 能夠思考和批判文章的內容。
		能體會文章中對人事物的尊重、關懷、誠實、公平正義、信賴及責任。	E-2-4-7-4 能將閱讀材料與實際生活情境相聯結。
	文字表達	能發揮想像力,嘗試創作。	F-2-10-2-1 能在寫作中,發揮豐富的想像力。
		能應用改寫、續寫、擴寫、縮寫等方式寫作。	F-2-4-3-1 能應用改寫、續寫、擴寫、縮寫等方式寫作。
		練習從審題、立意、選材、安排段落及組織等步驟,應用學過的開頭法與結尾法,習寫作文。	F-2-6-10-2 練習從審題、立意、選材、安排段落及組織等步驟,習寫作文。
		能夠練習修辭,並且能加以應用。	F-2-8 能把握修辭的特性,並加以練習及運用。
		能夠正確流暢的遣辭造句、安排段落、組織成篇。	F-2-2 能正確流暢的遣辭造句、安排段落、組織成篇。
	學習成效	能分享文章中尊重、關懷、誠實、公平正義、信賴及責任。	
		能透過閱讀省思自己的行為。	

四、教學內容及設計者

品格名稱	教學單元			設計者
	首部曲	二部曲	三部曲	
尊重	尊重	為別人著想	聽的學問	陳鈺媛
責任	為生命加分	本　分	假如世界顛倒了	鄭伊妏
誠實	爸爸的保溫杯	認錯就是給自己機會	一只手錶	王勇欽
公平正義	不要自掃門前雪	運動會風波	遊樂園限制多兒童難享優待	萬榮輝
信賴	老鼠愛撒謊	約定之戒	在教室吃火鍋	范郁敏
關懷	珍愛生命關懷他人	愛心奶瓶	阿嬤的紅眠床	林佩娟

尊重

我是＿＿年＿＿班　作文小高手＿＿＿＿＿＿

文章來源：國語日報／95.11.9 星期四／第 10 版　兒童園地

◆袁存廷　高雄縣大社國小六年六班

「當你尊重別人的時候，別人也會尊重你。」每次想到媽媽說的話，我就覺得很有道理。

有一次，我正在看電視，妹妹回家以後，二話不說就拿起遙控器，轉到她想看的節目。我感覺不是滋味，她為什麼不能事先跟我商量呢？巷口的人家常常把車子停放在住家旁邊，造成巷內住戶出入不便。他們因為私利，卻造成他人的困擾。網路的方便，使得有些人任意剽竊他人的智慧財產，完全不顧創作者的辛苦……

許多生活中的例子，讓我們察覺有些人都是抱持著「只要我喜歡，有什麼不可以」的心態，就算侵犯了他人的權利也視若無睹。懂得尊重他人，不但有雅量容忍不一樣的觀點，也會體諒別人的辛勞，站在對方的立場著想。我們不僅要尊重別人，更要尊重自己，因為「自重而後人重」。媽媽還告訴妹妹，女孩子行為處世更要當心，言談和穿著要端莊，才不會惹來無謂的麻煩。

從現在開始，何不由自己做起，學習尊重他人，也尊重自己，大家一同營造一個和諧、進步的社會。

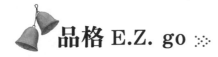 **品格 E.Z. go**

1.(　) 本文內容與下列哪一個品格最相近？

❶責任　　　　❷尊重　　　　❸誠實

❹信賴　　　　❺公平正義　　❻關懷

2.(　) 作者覺得媽媽說的哪句話很有道理？

❶「只要我喜歡，有什麼不可以」

❷「當你尊重別人的時候，別人也會尊重你」

❸「將心比心，便是佛心」

❹「己所不欲，勿施於人」

3.(　) 何者屬於尊重他人的行為？

❶把車停在巷子口

❷看電視想轉台時，不管旁邊的人，二話不說就轉台

❸剽竊他人智慧財產

❹言談和穿著端莊

4.(　)「自重而後人重」是什麼意思？

❶要先尊重自己，再尊重別人

❷要先學會尊重自己，然後別人才會尊重你

❸要管別人之前，先管好自己

❹要對別人比對自己好

開頭絕招——引用法

　　小朋友，你知道什麼是「引用法」嗎？或許你以前有聽過引用修辭，但文章的開頭法也有引用法喔！「引用法」就是在文章的開頭先引用別人說過的話，或引用古今中外的名言、俗語、諺語、成語典故、詩歌、寓言等，然後作簡明扼要的說明，以作為闡述的依據，這樣可以使文章比較具有公信力以及說服力。像「尊重」這篇文章的開頭引用媽媽說過的話，也屬於「引用法」。

　　使用引用法時要特別注意出處及它的真正涵義，以免張冠李戴、文不對題。如果你想引用某個句子，偏偏又忘了出自何處或出處不明，這時可以用「有句話說」、「古人說」等語句來代替，或者直接引用而不多做說明。

「引用法」公開秀

例一　題目：服務

　　國父說：「人生以服務為目的。」能幫助他人、服務他人，就是一種快樂。在這個世界上，到處都有抱持這種精神的人，他們無怨無悔、不求回報的付出，讓人敬佩不已。

　　鳳博士說明：文章一開始即以國父的名言：「人生以服務為目的。」作開頭，這就是引用法。

例二 | **題目：閱讀好處多**

　　宋朝文人黃庭堅曾說：「三日不讀書，便覺言語乏味，面目可憎。」許多古今中外的名人，都把讀書當作自己生命的一部分，再怎麼忙碌也要抽空閱讀。

　　鳳博士說明：作者依據題目，引用黃庭堅的話「三日不讀書，便覺言語乏味，面目可憎。」來開頭，這就是引用法。

例三 | **題目：早起**

　　俗話說：「早起的鳥兒有蟲吃。」也有句話說：「一日之計在於晨。」還有許多名言都是和早起有關，由此可見早起的好處多與早起的重要性。

　　鳳博士說明：作者接連引用兩句俗話來開頭，強調了早起的重要，這也是屬於引用法。

名言佳句隨身聽

【品格】	❶「只有當你尊重別人尊嚴的時候，你自己才有尊嚴。」 ——柏楊 ❷「沒有一個人的記性，好到可以做個成功的說謊者。」 ——林肯 ❸「把責任給予某人，最能表現你的信賴，而且使人獲益匪淺。」——華盛頓
【讀書】	❶「書中自有黃金屋，書中自有顏如玉。」——宋真宗 ❷「知識的基礎，必須建立在閱讀上面。」——約翰生 ❸「讀一本好書，就好像跟一位高尚的人說話。」——歌德

【合作】	❶「三個臭皮匠，勝過一個諸葛亮。」 ❷「眾人拾柴火焰高。」 ❸「聚集人馬只是開始；繼續共事可謂進展；同心工作才是成功。」——亨利福特
【有恆】	❶「有志者事竟成，鐵杵磨成繡花針。」 ❷「天下無難事，只怕有心人。」——袁枚 ❸「立志貴堅，堅而有恆，其學必成。」——孟子

 # 開頭方法大挑戰（一）～引用法

一、看完「引用法」公開秀之後，你是不是很想動手試試看呢？請仿照「早起」開頭的寫作形式，寫一篇「合作力量大」。

主題	合作力量大

　　俗話說：「＿＿＿＿＿＿＿＿＿＿＿＿＿＿＿＿＿＿＿＿。」

也有句話說：「＿＿＿＿＿＿＿＿＿＿＿＿＿＿＿＿＿＿＿。」

這些都是告訴我們合作的重要性，合作才有力量、合作才能成功。

二、迷糊的大雄在做剪報時沒有把文章剪完整，請各位作文高手幫幫忙，根據這篇文章的內容，用「引用法」的鳳頭寫作方式，幫這篇文章補上開頭第一段。

主題：書中世界

國語日報／96.1.12 星期五／第 4 版　青春
◆王家慧　高雄市旗津國中三年五班

_____

_____

_____

_____

_____

　　《人生試金石》這本書裡面，包含了各種社會、人生價值觀的道理和經驗談，作者王鼎鈞用精練的文字，引用一些事件來印證其中的寓意。讓我們在處世應對上更成熟，對於人生也有更深刻的體悟，難怪有人稱它是人生的「孫子兵法」。

　　寫《成長的痕跡》的席慕蓉，是一個喜歡「回顧」的人，用細膩而溫柔的筆觸，回憶她成長的過程，從她多情的文字裡就能讓人想像當時的情景，體會她感動的心情；對於令人癡情的荷花、兒時柔情的山坡、山坡上的白雲以及使人追想的故鄉……這些景象彷彿清清楚楚的浮現眼前。

　　「腹有詩書氣自華」，書不僅可以讓人的知識更充沛，更能培養迷人而不隨歲月消失的氣質和魅力。

　　走進書裡，走進優美的字句中，就等於走進無邊無盡的世界。

開頭方法大挑戰（二）～引用法

下面的圖畫代表一件完整的事件，請你在看完後，以「引用法」的方法為下面的圖畫寫出一個與尊重有關而且富有創意的開頭（第一段）。

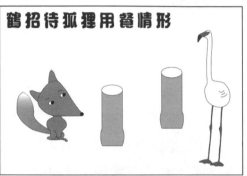

主題	

努力膠囊

小朋友！學習到這裡，請為自己的認真程度在下面的空格中塗上顏色，塗得越多代表越努力，加油！

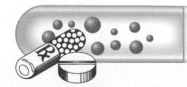

修辭達人

 層遞法

唸順口溜，學好修辭

誰說層遞不容易？只要你懂得規矩，

大小重輕分得清，深淺遠近能分明，

逐層依序來排列，遞升遞降便成形。

　　「層遞」是指把要表達的三個或三個以上的語句，按照事物的大小、程度的深淺、語意的輕重等不同程度，依序逐層排列的修辭方法。層遞可分為「遞升」和「遞降」兩種，遞升的排列次序是由小到大、由淺到深、由輕到重、由前到後、由近到遠……，依序描述；遞降的排列次序與遞升相反，由大到小、由深到淺、由重到輕、由後到前、由遠到近……。

　　利用層遞修辭能使語意環環緊扣，使想要闡發的道理一層比一層深入，增強說服力；使想要表達的感情一層比一層強烈，增強感染力。

例句一

但願我能變得更強壯，有能力保護家人，保衛村民，保衛國家。（遞升）

 從家人、村民到國家，由小範圍到大範圍依次排列，層層遞升，表達出想變強的目的。

例句二

遠處成群的老鷹在藍天翱翔；近處成對的鴛鴦在湖中戲水；眼前成群的鵪鶉在草地上玩耍。（遞降）

 描寫的視線由遠到近，從遠方的老鷹到近處的鴛鴦，再從近處的鴛鴦轉到近在眼前的鵪鶉，是屬於遞降法。

例句三

寒雲為了「搶救生命，棄兒不捨」的募款活動，走遍大街，走遍小巷，走遍每一戶人家的門口。（遞降）

 走過的地方從大街到小巷到每一戶人家的門口，範圍由大到小，表達出寒雲為募款不辭辛勞、挨家挨戶奔走，讓人更能感受寒雲誠摯的心。

修辭達人練功坊 ⸫

一、層遞重組：請根據提示，把下面拆散的句子重新組合成層遞句。

1.【再而衰／三而竭／一鼓作氣】用遞降式，寫士兵進攻時的士氣由盛而衰。

_____

_____

2.【桂林山水甲天下／陽朔山水甲桂林】用遞升式，透過「天下」、「桂林」、「陽朔」的層層比較，顯示陽朔山水之美無處可比。

　　（註釋：「甲」天下：超出群眾、位居首位）

_____

_____

3.【兩個笨皮匠，彼此有商量／三個臭皮匠，勝過諸葛亮／一個巧皮匠，沒有好鞋樣】用遞升式，說明團結力量大。

_____

_____

二、小試身手：請寫出層遞句。

1. 這個即將倒閉的動物園，不但沒有（　　　　），沒有（　　　　），就連（　　　　）都很少。

2. _____

_____

3. _____

_____

解答篇

❖ 品格 E.Z. go：1. ❷　　2. ❷　　3. ❹　　4. ❷

❖ 開頭方法大挑戰（一）～引用法

一、合作力量大

俗話說：「三個臭皮匠，勝過一個諸葛亮。」也有句話說：「眾人拾柴火焰高。」這些都是告訴我們合作的重要性，合作才有力量、合作才能成功。

二、書中世界【出自國語日報，王家慧投稿作品】

「貧者因書而富，富者因書而貴。」書，能夠增長我們的見識，開闊我們的視野。一個貧窮的人，如果常看書，內在涵養必定豐富而高尚；一個富有的人，如果常看書，會讓自己更加高貴而不庸俗。

❖ 開頭方法大挑戰（二）～引用法

主題：為別人著想

「己所不欲，勿施於人。」孔子說出了做人的真實意義，用自己的心推及別人，自己不希望別人怎樣對待自己，就不要那樣對待別人。這和將心比心、設身處地為別人著想，指的都是同樣的意思。

❖ 修辭達人練功坊

一、層遞重組

1. 一鼓作氣，再而衰，三而竭。
2. 桂林山水甲天下，陽朔山水甲桂林。

3. 一個巧皮匠，沒有好鞋樣；兩個笨皮匠，彼此有商量；三個臭皮匠，勝過諸葛亮。

二、小試身手

1. 這個即將倒閉的動物園，不但沒有（大象），沒有（河馬），就連（兔子）都很少。

2. 但願我能像火箭一樣，飛上藍天，穿越大氣層，飛入宇宙。

3. 他立志要征服台灣，征服亞洲，征服全世界。

責任

我是____年____班　作文小高手_____

為生命加分

文章來源：國語日報／95.3.2 星期四／第4版　青春版

◆李麗茹　屏東縣萬丹國中八年五班

　　生命是什麼？我認為生命是一種責任。每個人在各個階段都有應該盡的本分和義務，用功讀書是學生的本分，教育子女是為人父母的責任。有人把擔任義工當作退休後的職志，因為他們深深體會「施比受更有福」，所以不但把付出、感恩和回饋當作本分，並且樂此不疲。

　　生命，是一種追求完美的過程，有人說「生命的本質是不完美的」，因為生命中充滿了不如意，以及許多的磨難、挑戰。或許我們無法讓每件事情盡善盡美，仍然要盡力去做，只要我們在有限的生命裡努力付出，追求完美，那人生就沒有遺憾了。乙武洋匡面對自身的殘缺卻不放棄對生命的熱情，勇敢迎戰不完美生命所給予的種種打擊，終於活出自己的一片天。史懷哲醫生和德雷莎修女，放棄安適的生活，到落後地區行醫，幫助苦難的人們，他們用無私的大愛拯救了那些不完美的生命，他們的精神贏得的是敬佩。

　　一般人往往羨慕別人光鮮亮麗的外表，面對自己所欠缺的無法釋懷。然而我發現，沒有一個人的生命是完美無缺的，有人品學兼優，家庭卻支離破碎；有人家財萬貫，身體卻不健康。台積電董事長張忠謀先生曾經在文章裡寫著：「每個人的生命，都被上蒼畫了一道缺口，

（下頁續）

以前我也痛恨我人生中的缺失，現在卻能寬心接受，因為我體認到生命中的缺口，彷若我們背上的一根刺，時時提醒著我們要謙卑。我也相信人生不要太完美，若你樣樣俱全，那麼別人吃什麼呢？體認到每個生命都有缺失，我反而更珍惜自己所有的一切了。」所以不必再為自己人生所缺失的耿耿於懷，應該更珍惜所擁有的一切。

有人說：「生命真正的意義在於價值，而非價錢。」是的，生命的價值並非極力追求物質生命的充足、富裕，而是要努力讓生命過得有意義。生命富裕的人，倘若他一生只懂得享樂，那麼他的生命價值會是多麼貧乏？反觀一些身體殘缺的人，倘若他一生能樂觀面對，超越身體殘缺的限制，積極活出生命的光彩，這樣的生命價值會是多麼豐富？知名的口足畫家謝坤山先生，雖然身體殘缺，家境清寒，卻能用畫筆把生命的意義和價值發揮得淋漓盡致，活出生命的色彩，他所展現的就是生命的真義。

我想，每一個人只要能打開心眼，用心仔細去觀察，用心去感受，你會發現生命其實很美好。因此，對於一切存在於生命的「意外」就會樂觀以對，並且積極讓潛能充分發揮，就能夠展現源源不絕的人生價值。

品格 E.Z. go ❀

1.（　）本文內容與下列哪一個品格最相近？

❶責任　　　　　❷尊重　　　　　❸誠實

❹信賴　　　　　❺公平正義　　　❻關懷

2.（　）你從哪一句可以看出本文內容具有這樣的品格？

❶生命真正的意義在於價值，而非價錢

❷施比受更有福

❸沒有一個人的生命是完美無缺的

❹生命是一種責任

3.（　）本文使用了很多例子來說明在有限生命裡努力付出的重要，而下列
哪個不是？

❶德雷莎修女　❷居禮夫人　　❸史懷哲醫生　❹乙武洋匡

4.（　）請問下面對文章內容的敘述，何者錯誤？

❶生命是一種責任

❷生命是追求完美的過程

❸生命的價值是極力追求物質生活的充足

❹對於一切存在於生命的「意外」要樂觀面對

5.（　）下面文章中所使用的修辭，何者使用不正確？

❶「生命是什麼？」——設問

❷「時時提醒我們要謙卑」——類疊

❸「有人品學兼優，家庭卻支離破碎」——對偶

❹「我體認到生命的缺口，彷若我們背上的一根刺」——譬喻

鳳博士講座

開頭絕招──設問法

小朋友，在文章一開始，針對主題提出問題，而且針對這個問題，採取自問自答或是不回答的方法，吸引讀者的興趣，這就叫做「設問法」。

文章透過提問的方式，採用別人的方法及自己的想法，再詢問讀者的看法，讓讀者可以多方思考。

「設問法」公開秀

例一　題目：父母

是誰照顧我的生活起居？是誰教導我讀書寫字，告訴我人生的大道理？是誰陪伴在我身旁，分享我的喜怒哀樂？是誰讓我擁有這一切美好無慮的生活？

鳳博士說明：像本文開頭也是使用提問的方式來回應主題，不過是採用只問不答的方式，讓讀者自行解答。

例二　題目：忘掉煩惱

當你情緒不好時，你要如何忘掉煩惱呢？有人藉由聽古典音樂、打球來紓解壓力；有人看小說讓自己融入故事情節，忘掉煩惱；有人透過愉悅地輕哼歌曲，以拋開煩惱。那你呢？只要專心做自己喜歡的事情，就能忘掉一切煩惱，紓解壓力。

鳳博士說明：本篇文章的寫法跟例一是相似的，針對主題提出問題，不過是採用自問自答的方式寫開頭。

 # 開頭方法大挑戰（一）～設問法

一、首先，請小朋友仿照上面的文章，將開頭的內容進行文章的仿寫。

主題	為生命加分

生命是什麼？我認為＿＿＿＿＿＿＿＿＿＿＿＿＿＿＿＿＿＿＿＿＿

＿＿＿＿＿＿＿＿＿＿＿＿＿＿＿＿＿＿＿＿＿＿＿＿＿＿＿＿＿＿＿

＿＿＿＿＿＿＿＿＿＿＿＿＿＿＿＿＿＿＿＿＿＿＿＿＿＿＿＿＿＿＿

＿＿＿＿＿＿＿＿＿＿＿＿＿＿＿＿＿＿＿＿＿＿＿＿＿＿＿＿＿＿＿

＿＿＿＿＿＿＿＿＿＿＿＿＿＿＿＿＿＿＿＿＿＿＿＿＿＿＿＿＿＿。

**二、現在請依照三格漫畫的提示，仿照上面「設問法」的方式──針對主題
提出問題，並針對這個問題，採取自問自答或是不回答的方法，寫出文
章的開頭。**

❶	❷	❸

主題	＿＿＿＿＿＿＿＿＿＿＿

＿＿＿＿＿＿＿＿＿＿＿＿＿＿＿＿＿＿＿＿＿＿＿＿＿＿＿＿＿＿＿

＿＿＿＿＿＿＿＿＿＿＿＿＿＿＿＿＿＿＿＿＿＿＿＿＿＿＿＿＿＿＿

＿＿＿＿＿＿＿＿＿＿＿＿＿＿＿＿＿＿＿＿＿＿＿＿＿＿＿＿＿＿＿

＿＿＿＿＿＿＿＿＿＿＿＿＿＿＿＿＿＿＿＿＿＿＿＿＿＿＿＿＿＿＿

＿＿＿＿＿＿＿＿＿＿＿＿＿＿＿＿＿＿＿＿＿＿＿＿＿＿＿＿＿＿。

開頭方法大挑戰（二）～設問法

❀❀ 現在請根據一段文章的提示，仿照上面「設問法」的方式——針對主題
提出問題，並針對這個問題，採取自問自答或是不回答的方法，寫出文
章的開頭。

　　很多小朋友的物質生活很富裕，為了讓小朋友懂得珍惜，培養愛物
惜物的觀念，教育部特別推動「玩具工坊」計畫，將社區阿公阿婆培養
成「玩具醫生」，定期到學校為小朋友修復玩具，甚至創新升級，賦予舊
玩具新生命。並提供「玩具交易所」，讓孩子可以以「以物易物」的方
式，替舊玩具尋找新主人，自己也獲得新玩具。

（改寫自國語日報／95.11.3／第2版　文教新聞／楊惠芳報導）

　　鳳博士提示：請針對如何愛物惜物、珍惜資源的觀念著手，再用設
問法寫開頭。

_____

_____

_____

_____

_____。

努力膠囊

　　小朋友！學習到這裡，請為自己的認真程度在下面的空格中塗上顏
色，塗得越多代表越努力，加油！

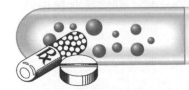

修辭達人

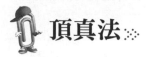

頂真法

唸順口溜，學好修辭

頂真修辭真容易，好比磁鐵互相吸。

前句頂著後一句，就像珍珠串接續。

相同字詞兩句用，前尾後頭字相同。

熟練能夠生巧技，巧技能夠生精明。

頂真特性極分明，朗朗上口不忘記。

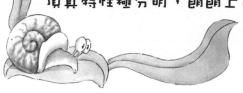

　　所謂的「頂真」，是將前一話末尾的字詞，作為下一個句子的開頭，使相連的兩個句子就像珠子般串聯起來。寫作時，使用頂真修辭，可以讓文字銜接緊湊，句子生動暢達。

例句賞析

☐ 在家的前面有一座**花園**，**花園**裡開滿著各式各樣的花朵，而這些花朵彼此正爭奇鬥艷著，十分美麗。

☐ 她帶著一副厚重的**眼鏡**，**眼鏡**底下卻隱藏著深邃的大眼睛。

□ 時勢造**英雄**，**英雄**造時勢。

□ 大事化**小**，**小**事化無。

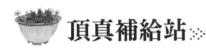

頂真補給站 ⋯

❀ **小朋友請在☐中填入適當的成語，完成成語接龍。**

平心靜氣 → 氣勢萬千 → 千軍萬馬 → 馬到成功 → ☐成名就→

☐地正法→ ☐外開恩→ ☐情並重→ ☐情重義→ ☐無反顧→

☐ → ☐ → ☐ → ☐

修辭達人練功坊 ⋯

❀ **小朋友，請將句子中有使用頂真修辭的地方劃線。**

1. 有健康的人，就有幸福的家庭；有幸福的家庭，就有富足的社會；有富足的社會，就有強盛的國家。

2. 他的臉上表情十分地驚奇，驚奇中帶著喜悅，喜悅中帶著害羞，害羞得不知道該如何打招呼。

3. 我喜歡帶給人歡樂，歡樂使我生活美麗。

4. 晚會的燈光，「由紅變黃，黃變藍，藍再變成銀」，色彩繽紛，真是美麗極了！

5. 建築房屋，必須有強固的地基；地基不強固，就不能砌成堅硬的牆壁；牆壁不堅硬，怎能蓋成漂亮的樓房呢？

解答篇

◆ 品格 E.Z. go：1. ❶　　2. ❹　　3. ❷　　4. ❸　　5. ❸

◆ 開頭方法大挑戰（一）～設問法

一、文章仿寫

　　　生命是什麼？我認為生命是追求層層挑戰與困難的原動力。因為擁有生命，才能讓我經歷許多人生的苦與樂，才能讓我從懦弱與挫折中學會成長。

二、看圖寫作

主題：同心協力

　　　為什麼做任何事都要同心協力？我認為面對事情，每個人都有責任要盡力去完成，若是大家齊心去完成，便能事半功倍；相反的，若是各有異心，便事倍功半，不僅事情無法有效達成，也打擊團體的合作士氣。所以，同心協力是團隊合作的不二法門，也是隊員應盡的責任。

◆ 開頭方法大挑戰（二）～設問法

　　　為什麼我們要珍惜資源？因為我們都身為地球的一份子，世界正處於能源危機中，我們有責任從日常生活中學習珍惜各種資源，愛護萬物，為地球盡一份心力，也替未來的子孫建立一個美麗的家園，所以我們要珍惜資源！

❖ **頂真補給站**

平心靜氣→氣勢萬千→千軍萬馬→馬到成功→功成名就→就地正法→
法外開恩→恩情並重→重情重義→義無反顧→顧小失大→大驚小怪
→怪力亂神→神乎其技

❖ **修辭達人練功坊**

1. 有健康的人，就有幸福的家庭；有幸福的家庭，就有富足的社會；有富足的社會，就有強盛的國家。

2. 他的臉上表情十分地驚奇，驚奇中帶著喜悅，喜悅中帶著害羞，害羞得不知道該如何打招呼。

3. 我喜歡帶給人歡樂，歡樂使我生活美麗。

4. 晚會的燈光，「由紅變黃，黃變藍，藍再變成銀」，色彩繽紛，真是美麗極了！

5. 建築房屋，必須有強固的地基；地基不強固，就不能砌成堅硬的牆壁；牆壁不堅硬，怎能蓋成漂亮的樓房呢？

誠實

我是＿＿年＿＿班　作文小高手＿＿＿＿＿

爸爸的保溫杯

文章來源：國語日報／95.8.8 星期四／第 7 版　兒童園地

◆阿志　嘉義縣民雄國小四年一班

　　爸媽每次喝茶，都用一個雕刻蟲鳥圖案的保溫杯。那是神奇的保溫杯，只要是從杯裡泡出來的茶，一定香醇濃郁，否則爸爸怎麼會喝得如此陶醉？有一天，我想學爸爸泡杯好茶，一陣手忙腳亂一不小心就把爸爸心愛的茶杯摔破了！

　　「要認錯還是逃跑呢？」我選擇當小逃犯。我躲在爸爸的班級教室，時間滴滴答答的流逝，陪伴我的只有緊迫「叮」人的蚊子，我好無助，真希望爸爸來救我。天色轉眼間變暗了，我心中的恐懼真是筆墨難以形容。

　　「我不應該選擇當小逃犯，應該當勇敢的『華盛頓』，誠實認錯才對……。」我在心裡默默懺悔，呼喚著爸爸。爸爸真的聽到我的呼喚，和級任老師拿著手電筒照射過來，發現了我這個「逃家」的小孩。

　　擦乾眼淚，我安靜的和爸爸一起回家。沒想到，爸爸不但不追究，還送我一個有著同樣蟲鳥圖案的保溫杯呢！

品格 E.Z. go ❄

1.(　) 本文內容與下列哪一個「品格」的意義最相近？

❶尊重　　　　❷公平正義　　　❸誠實

❹信賴　　　　❺關懷　　　　　❻責任

2.(　) 在路上撿到財物時，要怎樣處理？

❶交到警察局　　　　　❷小心收藏起來

❸捐給慈善機關　　　　❹和好朋友平分

3.(　) 如果你在校園內撿到別人遺失的錢或物品，你會如何處理？

❶占為己有　　　　　　❷送交訓導處或師長

❸偷偷藏起來　　　　　❹送給同學

4.(　) 如果是你打破了爸爸心愛的保溫杯，你應該如何做才是正確的行為？

❶躲起來　　　　　　　❷向爸爸認錯

❸把打破的保溫杯藏起來　❹假裝不知道

開頭絕招──回憶法

所謂「回憶法」就是在文章的開頭利用回憶的筆法，或是說起往事，喚起以前的記憶，使文章充滿濃厚的感情，引起讀者共鳴，這是倒敘式佈局最常使用的開頭。上面的文章就是利用「回憶法」敘述當時作者打破爸爸的保溫杯時的情形及心路歷程。

「回憶法」公開秀

俗話說：「萬事起頭難。」這就是在說明：做任何事情，都以開頭最難，而且最重要。鳳博士就再多舉一些例子，使你更會運用回憶法當作文章的開頭吧！

例一	題目：我最難忘的一件事

我永遠忘不了十歲那一年，爸爸因為我考試作弊氣得直發抖的那一幕……。

例二	題目：第一次坐雲霄飛車

光陰似箭，歲月如梭，很快的一年過去了。在房間裡，我翻開以前的舊照片，突然間，我看到一張難忘的照片，想起去年畢業旅行我們班一起到劍湖山玩的情形……。

例三 **題目：我的暑假生活**

　　記得去年暑假，爸媽帶我到外婆家——澎湖一個星期。表哥帶我到海邊玩水、堆沙和浮潛，甚至乘大漁船出海釣魚，雖然皮膚曬黑了，但當時好玩的情景，讓我留下了深刻的印象。

 # 開頭方法大挑戰（一）～回憶法

　　小朋友，現在就讓鳳博士來引導你學會「回憶法」的使用吧！

（一）請你依照下面所提供的文章主題仿寫開頭方法～回憶法

主題 **爸爸的保溫杯**

　　有一天，＿＿＿＿＿＿＿＿＿＿＿＿＿＿＿＿＿＿＿＿＿＿＿＿＿＿

＿＿＿＿＿＿＿＿＿＿＿＿＿＿＿＿＿＿＿＿＿＿＿＿＿＿＿＿＿＿＿。

　　「要認錯還是逃跑呢？」我選擇當小逃犯。

（二）請利用左邊的寫作元素，用「回憶法」寫簡單的開頭

題目	寫作元素	開頭內容
釣蝦記	人物：自己、舅舅 時間：兩個月前 地點：釣蝦場 事件：釣蝦、烤蝦	回想兩個月前，舅舅帶我到

題目	寫作元素	開頭內容
寫給表姊的信	人物：表姊、自己 時間：去年兒童節 地點：木柵動物園 事件：無尾熊、國王企鵝、夜行性 　　　動物、鳥園等……	表姊，妳還記得去年兒童節那天， 我們一起去
童年往事	人物：自己、鄰居 時間：小時候 地點：附近空地 事件：玩球、捉迷藏、踢罐子、跳 　　　格子、烤地瓜……	記得小時候，常和鄰居一起到

開頭方法大挑戰（二）～回憶法

✿ 小朋友，請你翻翻相簿，找出一張令你回味無窮的照片，將此照片貼在
下面的格子裡，並以「回憶法」接寫一段開頭

照片黏貼處

下星期美勞老師要我們帶一張生活照，我翻開相簿看到了這一張照片，

努力膠囊

小朋友！學習到這裡，請為自己的認真程度在下面的空格中塗上顏
色，塗得越多代表越努力，加油！

修辭達人

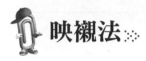

映襯法

唸順口溜，學好修辭

紅花看來很喜氣，綠葉相襯更豔麗，

光明黑暗雖相反，對列起來不平凡，

善良邪惡是兩極，相互比較顯意義，

父母養兒與育女，負荷沉重又甜蜜，

反襯對襯或雙襯，靈活運用你最神啊你最神。

　　「映襯」是指把不同的，特別是相反的現象或事實，對列起來，兩者互相比較，使意義更為鮮明，印象更為強烈的修辭法。可分為反襯、對襯與雙襯三種。

一、反襯：對一個人、一件事或物，用正好與這種人、事、物的現象或本質　　相反的語詞，加以描述的一種修辭技巧。

例句一

老吳裝出了像哭的笑臉，讓人看了好不心疼。

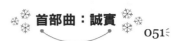
二、對襯：對兩種不同的人、事、物，從兩種不同的觀點加以描繪，形成強
　　烈正反對比的一種修辭技巧。

例句二

　　吃苦的人多，享現成福的人少，社會國家自然富強；吃苦的人少，享現成福的人多，社會國家自然衰弱。

三、雙襯：對於同一個人、事、物，從兩種不同的觀點，加以描繪的一種修
　　辭技巧。

例句三

　　父母教養兒女是最沉重，也是最甜蜜的負荷。

 修辭達人練功坊

一、找出互為映襯詞句

1. 急驚風遇到慢郎中。

2. 一朵鮮花插在牛糞上。

3. 幸福的人們唱起了悲傷的歌。

4. 一個人若能以辛苦耕耘，必以喜悅收穫。

二、映襯配對練習：請就下列對稱語詞選擇正確者填入空格內。

高興	成功	狂熱	霹靂	優點
死人	瞎話	白天	無限	魔鬼

1. 他整天不吃不喝也不動，可說是個活的（　　　　）。

2. 他是一個外表冷漠，內心（　　　　）的作家。

3. 這是他的缺點，也是他的（　　　　）。

4. 警方已掌握他犯罪的證據，他竟然膽敢說謊，真是睜眼說（　　　　）。

5. 這件意外對他家人來說簡直是晴天裡的（　　　　）。

6. 姊姊要結婚了，媽媽流下（　　　　）的眼淚。

7. 資源有限，創意（　　　　）。

8. 身為運動員，寧願有光明的失敗，絕對不可以有不榮譽的（　　　　）。

9. 她有一副天使的臉蛋，（　　　　）的身材。

10. 一輪明月高掛天空，大地一片通明，成為黑夜裡的（　　　　）。

解答篇

❖ 品格 E.Z. go：1. ❸　　2. ❶　　3. ❷　　4. ❷

❖ 開頭方法大挑戰（一）～回憶法

（一）有一天，爸爸外出時，我偷偷的把保溫杯拿來泡茶，一不小心，手一滑，保溫杯就掉到地上破掉了。

（二）釣蝦記：回想兩個月前，舅舅帶我到釣蝦場釣蝦子，我們釣到好多蝦子並把蝦子烤來吃，真是有趣。

寫給表姊的信：表姊，妳還記得去年兒童節那天，我們一起去木柵動物園遊玩，看到了無尾熊、國王企鵝、夜行性動物、鳥園等……還一起野餐，至今仍然印象深刻無法忘懷。

童年往事：記得小時候，常和鄰居一起到附近空地玩球、捉迷藏、踢罐子、跳格子、烤地瓜等……大家都玩得很高興，甚至不想回家。

❖ 開頭方法大挑戰（二）～回憶法（略）

❖ 修辭達人練功坊

一、找出互為映襯詞句

1. 急驚風　　慢郎中　　　2. 鮮花　　牛糞

3. 幸福的人　　悲傷的歌　　4. 辛苦耕耘　　喜悅收穫

二、映襯配對練習

1. 死人　　2. 狂熱　　3. 優點　　4. 瞎話　　5. 霹靂

6. 高興　　7. 無限　　8. 成功　　9. 魔鬼　　10. 白天

公平正義

我是＿＿＿年＿＿＿班　作文小高手＿＿＿＿＿＿＿＿

不要自掃門前雪

文章來源：本取材自國語日報95.1.19第10版兒童園地「不要自
掃門前雪」一文，因授權因素改為自編，讀者亦可參
考原文實施教學。

有一位同學買早餐的錢不見了，他急得快要哭出來了。

老師詢問大家，但是沒有人承認看過那個同學的錢。最後，老師
只好自掏腰包，幫那位同學買早餐。其實，我知道錢是誰拿的，因為
我全程目睹他的偷竊過程。但是我自掃門前雪的自私心態作祟，又害
怕同學報復，所以讓偷竊者逍遙法外，也讓老師破費。

原先，我覺得不過是幾十元罷了，但是每次想起這件事，心裡就
感到愧疚，覺得自己在緊要關頭時不但不能挺身捍衛正義，反而當了
逃兵，助長邪惡的勢力。

現在，我了解到自己錯誤心態是不應該的，希望亡羊補牢時猶未
晚。下次，我遇到需要為公理正義站出來的時刻，絕不再畏懼，勇敢
當一位打抱不平的使者。

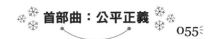

品格 E.Z. go

1.(　　) 本文內容與下列哪一個「品格」的意義最相近？

❶尊重　　　　❷公平正義　　　❸誠實

❹信賴　　　　❺關懷　　　　　❻責任

2.(　　) 從下面哪一句話中，可以看出本文具有這樣的品格？

❶老師只好自掏腰包，幫那位同學買早餐

❷我覺得不過是幾十元罷了

❸我遇到需要為公理正義站出來的時刻，絕不再畏懼

❹我了解到自己錯誤心態是不應該的

3.(　　) 本文作者是因為什麼心態，讓偷竊金錢的小偷逍遙法外？

❶可憐小偷　　　　　　　❷怕偷竊者被處罰

❸可以趁機撈到好處　　　❹自掃門前雪

4.(　　) 本文作者以「逃兵」一詞來形容自己當時怎樣的心態，而助長邪惡的勢力？

❶怕辛苦　　　　　　　　❷幾十元不算什麼

❸見風轉舵　　　　　　　❹在緊要關頭不能挺身捍衛正義

5.(　　) 你覺得還可以用什麼「成語」來代替本文的名稱？

❶虎頭蛇尾　　　❷仗義直言　　　❸自掃門前雪　　　❹狐假虎威

高年級版
品格怎麼教❷？
讀報與修辭寫作
056

鳳博士講座

開頭絕招——原因法

小朋友，**一件事**的發生都會有**原因**、**經過**及**結果**三個階段，就如上面這篇文章即以這樣的順序鋪陳出作者想要表達的意思及引起讀者的感動，像這樣在文章開頭，就寫明事情**所發生的原因**，使讀者**容易了解**事情起因的開頭寫法，就是「原因法」。

「原因法」公開秀

俗語說：「好的開始就是成功的一半。」文章的開頭也是一樣，現在由我——鳳博士再多舉一些例子，讓你更加了解原因法的使用。

例一　題目：童年的悲慘事件

記得幼稚園的時候，因為一次不小心的碰撞，而在頭上留下了一道疤痕，所以每次剪頭髮的時候，頭上總會出現一塊「不毛之地」。

鳳博士說明：作者指出造成頭上那塊「不毛之地」產生的原因，這就是原因法的開頭。

例二　題目：夜間昆蟲觀察

今年暑假，學校為了讓我們能夠更深入了解昆蟲的習性和生態環境，特地舉辦了一個野外夜間甲蟲王國探險活動。一路上天氣陰晴不定……

鳳博士說明：作者依據題目，寫出要進行夜間昆蟲觀察的原因，這就是原因法的開頭。

開頭方法大挑戰（一）～原因法

一、小朋友，現在就讓鳳博士來引導你學會「原因法」的使用吧！

| 主題 | 不要自掃門前雪事件 |

請你依照上面所提供的文章主題仿寫開頭方法～原因法。

有一次，＿＿＿＿＿＿＿＿＿＿＿＿＿＿＿＿＿＿＿＿＿＿＿＿＿＿

＿＿＿＿＿＿＿＿＿＿＿＿＿＿＿＿＿＿＿＿＿＿＿＿＿＿＿＿＿＿

＿＿＿＿＿＿＿＿＿＿＿＿＿＿＿＿＿＿＿＿＿＿＿＿＿＿，

結果不慎被海浪捲走，另一個同伴眼睜睜看著他沉下去，卻因為害怕而逃離，沒有向人求救。

| 主題 | 難忘的一件事 |

請你以上面的主題，利用「原因法」寫出這篇文章的開頭，加油！

＿＿＿＿＿＿＿＿＿＿＿＿＿＿＿＿＿＿＿＿＿＿＿＿＿＿＿＿＿＿

＿＿＿＿＿＿＿＿＿＿＿＿＿＿＿＿＿＿＿＿＿＿＿＿＿＿＿＿＿＿

＿＿＿＿＿＿＿＿＿＿＿＿＿＿＿＿＿＿＿＿＿＿＿＿＿＿＿＿＿＿

＿＿＿＿＿＿＿＿＿＿＿＿＿＿＿＿＿＿＿＿＿＿＿＿＿＿＿＿＿＿

二、請你再想想有哪些寫作題目也適用「原因法」來做開頭的？並請你簡單做個分析。

寫作題目	一件事的發生的三個階段（請簡單寫出概要即可）		
	原因	經過	結果

 開頭方法大挑戰（二）～原因法

下面的圖畫代表一件完整的事件，請你在看完後，以「原因法」的方法
為下面的圖畫寫出一個與公平正義有關而且富有創意的開頭（第一段）。

題目：（請自訂）

_____

內容：

_____

_____

_____

_____

_____

_____

 努力膠囊

小朋友！學習到這裡，請為自己的認真程度在下面的空格中塗上顏

色，塗得越多代表越努力，加油！

修辭達人

 借代法

唸順口溜，學好修辭

開門見山告訴你，直接了當欠思慮，

換個詞兒來代替，句子優美受肯定，

聽雨軒和觀瀑樓，大便小便不能比，

語重心長告訴你，借錢別找鐵公雞，

借代修辭搞不清，竹筍炒肉絲送給你。

　　「借代」是修辭的一種。它的目的和方法通常有三種：

一、以好聽的詞語代替不好聽的語詞，讓寫出的句子更優美。

例句一

　　我們可以用「我去聽雨軒（觀瀑樓）一下」來替代「我要去小便（大便）」，而這樣的用法是不是讓整個句子、甚至是文章更顯得優美呢？

二、用委婉且較敢說的語詞代替難以啟齒的詞語，使我們的詞語更容易讓人
　接受。

例句二

　　男女為避免尷尬或是難為情，可以用「我喜歡你，可以請你和我成為
好朋友嗎？」來代替「我愛你。」

三、以較特別的名詞來代替普通名詞。

例句三

　　如用「鐵公雞」代替「吝嗇」、「落湯雞」替代「被雨淋得很慘」、
「母老虎」代替「兇惡的女生」、「竹筍炒肉絲」替代「處罰」等等；或是
用「綽號」來稱呼他人（必須是對方能接受的），例如說：「老萬，好久不
見！」這樣的用法可以讓人聽或讀起來覺得更有趣及具濃情味。

 借代補給站

小朋友，在「不要自掃門前雪」一文中，也有用到「借代」的修辭方
法，請你將這句找出來，並寫在下面：

_____

_____

_____

 # 修辭達人練功坊

「借代」修辭的使用，讓字義能夠用更多事物來替代，也美化文章的句子。日常生活中也有很多借代的用語，請幫這些句子填入適當的借代涵義。

不會游泳	不及格	肚子餓	頭髮
護士	零分	青春痘	近視眼

1. 這次考試他又抱了**大鴨蛋**。→借大鴨蛋來代替（　　　　　）

2. 我是**旱鴨子**，別叫我游泳。→借旱鴨子來代替（　　　　　）

3. 別猛盯電視，小心變成**四眼田雞**。→借四眼田雞來代替（　　　　　）

4. 學生為了**三千煩惱絲**辯論了半天。→借三千煩惱絲來代替（　　　　　）

5. 他的成績單**滿江紅**，結果爸爸送他燒餅作獎品。→借滿江紅來代替（　　　　　）。

6. 我的肚子在唱**空城計**了！→借空城計來代替（　　　　　）

7. 她立志長大後要當**白衣天使**。→借白衣天使來代替（　　　　　）

8. 表哥滿臉都是**紅豆**。→借紅豆來代替（　　　　　）

 公平正義隨身聽 ┄┄

天下無賊？！

　　「天下無賊」是一部由劉若英、劉德華主演的電影，劇中情節大致如下：

　　以偷竊及詐騙為生的扒手情侶王薄和王麗，在火車上巧遇帶著六萬元儲蓄要回鄉的憨直農民——傻根。他的天真善意及純真的「天下無賊」的信念，打動了王麗，決意沿途保護他的儲蓄以防被竊。

　　豈料火車上剛好有另一偷竊集團，早就覬覦傻根這筆鉅款，王麗為了不讓傻根得悉真相，唯有見招拆招；王薄也不甘認輸，為了王麗而毅然接受挑戰。最後，王薄為保護傻根這筆鉅款而與另一個偷竊集團的首腦展開生死之鬥，結果王薄賭上自己的生命來完成傻根天下無賊的思想。

　　小朋友，這是一部很有深度的影片，多看幾次會有不同的體悟。有人會覺得王薄好傻，為了幫一個傻小子居然犧牲自己！也有人覺得王薄好偉大，他已經脫離了扒手的範疇，完完全全的去幫助一個與自己毫無關係的人，展現現今社會中人們所缺少的正義之感。

　　你覺得呢？

※小朋友，建議你可以利用閒暇時租借本片回家與父母同看，一起分享觀後感！

解答篇

❖ **品格 E.Z. go**：1. ❷　　2. ❸　　3. ❹　　4. ❹　　5. ❷

❖ **開頭方法大挑戰（一）～原因法**

一、主題：不要自掃門前雪事件

　　　有一次，老師在上課時跟我們分享一件事。他說，以前教六年級學生的時候，有學生放學後偷溜到海邊戲水，結果不慎被海浪捲走，另一個同伴眼睜睜看著他沉下去，卻因為害怕而逃離，沒有向人求救。

二、主題：難忘的一件事

　　　今年暑假，爸爸為了讓我更了解昆蟲的生態，特地安排了一趟獨角仙農場生態之旅。就在我爬上樹抓起一隻鍬形蟲得意地展示成果時，沒想到腳底踩空，頓時人仰馬翻地從樹上掉下來，當我醒來時，人已經躺在醫院的急診室了。這件意外讓我現在想起來還是覺得餘悸猶存，令人難忘！

三、

寫作題目	一件事的發生的三個階段（請簡單寫出概要即可）		
	原因	經過	結果
讀書樂	老師為了要提升我們閱讀與寫作的能力，發起了「一天一本書」的活動。	大家每天呼朋引伴定時到圖書館報到，班上充滿了讀書風氣。	大家都愛上了閱讀，也了解到閱讀的重要與好處。

寫作題目	一件事的發生的三個階段（請簡單寫出概要即可）		
	原因	經過	結果
難得一日閒	難得全家都有空，所以大家決定來一趟「大自然之旅」，好好了解大自然的奧秘。	爸爸帶我們到山中露營，順便觀察自然景觀與探索動植物，我和弟弟玩得不亦樂乎。	我在山中見識到都市裡無法見到的事物與大自然運行的道理，也了解到對大自然的敬畏與愛護。

❖ **開頭方法大挑戰（二）～原因法**

題目：做人要問心無愧（修改自學生的作品）

　　噹！噹！噹！上課鐘響了，走過廁所卻聽見幾句吆喝聲，禁不住好奇的心態，我探了頭過去，「那不是小明嗎？怎麼會倒在地上？旁邊那兩個高個子怎麼正要揮拳打他呢？」當時，心裡想著：「我到底要不要拔刀相助呢？還是一走了之，避免麻煩？」最後，我選擇了後者，我昧著良心跑回教室，但這樣真的好嗎？

❖ **借代補給站**

覺得自己在緊要關頭時不但不能挺身捍衛正義，反而當了逃兵，助長邪惡的勢力。

❖ **修辭達人練功坊**

1. 零分　　2. 不會游泳　　3. 近視眼　　4. 頭髮

5. 不及格　　6. 肚子餓　　7. 護士　　8. 青春痘

信賴

我是＿＿年＿＿班　作文小高手＿＿＿＿＿＿

老鼠愛撒謊

文章來源：國語日報／95.3.25 星期六／第7版　兒童園地

◆熊偉寧　台北市健康國小三年五班

　　春天來了，小羊穿起新衣服，開心的在散步。牛看見了，也想要新衣服，問小羊能不能送他一件，小羊很驕傲的對他說：「你又醜又胖，我才不要哩！」牛又問在樹上快樂唱歌的小鳥能不能幫他，小鳥不理他，繼續唱歌。牛失望的離開了。

　　走著走著，牛碰到了一隻老鼠，正偷偷的躲在洞裡吃餅乾。

　　牛把他想要新衣服的心願告訴老鼠。老鼠不懷好意的說：「讓我來幫你做一件吧！但是你要先把乳酪給我。」

　　牛答應了，但是有些懷疑，因為他只聽到洞裡傳來：「喀滋！喀滋！」吃東西的聲音。牛想到了一個方法，故意大聲的喊叫：「老鼠快跑哇！獵人來了！」

　　果然，老鼠飛快的跑了出來，手裡抱著一堆乳酪，牛很生氣老鼠騙了他，想一腳踩扁老鼠。老鼠苦苦懇求牛原諒他，並且承諾以後不會再騙人了。牛答應了，可是老鼠從此以後不可以離開洞裡。老鼠只好每天晚上，才偷偷摸摸的出來活動。

品格 E.Z. go

1.（　）本文內容與下列哪一個「品格」的意義最相近？

　❶尊重　　　　❷公平正義　　❸誠實

　❹信賴　　　　❺關懷　　　　❻責任

2.（　）從下面哪一句話中，可以看出本文具有這樣的品格？

　❶牛把他想要新衣服的心願告訴老鼠

　❷老鼠苦苦懇求牛原諒他，並且承諾以後不會再騙人了

　❸老鼠從此以後不可以離開洞裡

　❹牛又問在樹上快樂唱歌的小鳥能不能幫他，小鳥不理他，繼續唱歌

3.（　）為什麼牛想要一件新衣服呢？

　❶想要送給小羊　　　　　　❷看到小羊有一件新衣服

　❸老鼠慫恿他　　　　　　　❹牛比較怕冷

4.（　）老鼠和牛交換新衣服的條件是？

　❶餅乾　　　　　　　　　　❷麵包

　❸不可以離開洞　　　　　　❹乳酪

5.（　）這篇文章的主要在說明？

　❶要猜忌自己的朋友　　　　❷及時行樂

　❸答應人的事要做到　　　　❹有好處自己先嚐

鳳博士講座

 ## 開頭絕招——擬人法

小朋友，把主題中的物體，當成有生命有情感的人來描述，以抒情的語調表達作者的感情，使文章一開頭流露強烈的情感，讓呆板無趣的事物也能生動感人，就是「擬人法」。

 ## 「擬人法」公開秀

因此，文章的開頭如果能夠採取「擬人法」，可以讓讀者感覺很新奇喔！現在由我——鳳博士再多舉一些例子，讓你更加了解擬人法的使用。

例一　題目：菠蘿麵包的自述

皮膚滑嫩，穿著閃亮金黃色的格子外衣，那可是我最驕傲的一件事。不論隔壁坐的是巧克力大哥、吐司媽媽還是可頌妹妹，麵包家族中，我可是最耀眼獨特的喔！……

鳳博士說明：作者將自己化身為菠蘿麵包，作為陳述文章的第一段，這就是「擬人法」開頭。

例二 **題目：雨**

閃電和雷公一起吆喝著，一會兒轟隆隆哭的傷心；一會兒嘩啦啦的跳起舞來。只有山和小河相信他們過不久會和好，反而坐下來享受這杯濃純的伯爵奶茶。……

鳳博士說明：將下雨天的情景，運用「擬人法」的方式開頭，讓文章多了可愛的味道喔！

例三 **題目：春天**

春天悄悄鑽進我的被窩，帶來我最喜歡的花香。每當春天一到，萬物就像喝了精力湯，活力十足，展現最亮眼的一面，盡情綻放色彩。

鳳博士說明：春天的感覺，採取以「擬人法」的方式開始，拉近和讀者的距離！

開頭方法大挑戰（一）～擬人法

一、請你依照上面所提供的文章主題仿寫開頭方法～擬人法。

主題 **請聽我說**

陽光普照的日子，猴子和螃蟹約定一起去玩耍。沒想到，＿＿＿＿＿

＿＿＿＿＿＿＿＿＿＿＿＿＿＿＿＿＿＿＿＿＿＿＿＿＿＿＿＿＿＿＿＿

＿＿＿＿＿＿＿＿＿＿＿＿＿＿＿＿＿＿＿＿＿＿＿＿＿＿＿＿＿＿，

於是猴子氣急敗壞的衝回家，發誓再也不跟螃蟹說話了。

二、棉花糖有著雪白外衣，吃起來 **QQ** 軟軟，總是帶給人甜蜜好心情。如果你是棉花糖呢？你會如何介紹你自己？有哪些優缺點？會經歷什麼事？現在請你以「棉花糖」為題目，試著利用「擬人法」寫出這篇文章的開頭，加油！

主題	棉花糖

_____

_____

_____

_____

_____

三、試著把鋼琴當成有生命的人，運用「擬人法」寫出這篇文章的開頭吧！

主題	鋼琴

_____

_____

_____

_____

_____

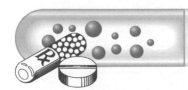

努力膠囊

小朋友！學習到這裡，請為自己的認真程度在下面的空格中塗上顏色，塗得越多代表越努力，加油！

 開頭方法大挑戰（二）～擬人法

下面的圖畫代表一件完整的故事，請運用你的聯想力猜想這個圖畫的情節，並在看完後，練習「擬人法」，為下面的圖畫寫出一個與信賴有關而且富有創意的開頭（第一段）：

我會試著寫寫看：

主題	_____

_____

_____

_____

_____

_____

_____

_____

修辭達人

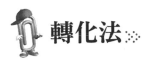 **轉化法**⋯⋯

> **唸順口溜，學好修辭**
>
> 小朋友會唱歌，一點不稀奇；
>
> 小河會唱歌，那才真本事。
>
> 腦袋嗡嗡響，怎麼有可能；
>
> 原來這句話，表示人煩惱。
>
> 把物當作人，文章生動又精采；
>
> 把人擬為物，轉變心境也不錯。

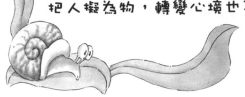

「轉化」是修辭的一種。「轉化法」分成三種方式：

一、擬人法：把物體比擬成「人」。運用「人」的動作或用語，讓原本無生氣的物體，成為有生命力的展現。

例句一

小鳥愛唱歌，唱出春天好心情。

（小鳥不會真的唱歌，用「唱歌」可以讓春天增添生命力。）

例句二

水珠會跳舞，站在荷葉上，舞出曼妙的舞步。

（下雨過後的景象，水珠在荷葉上「跳舞」，讓生物展現活力。）

二、擬物法：把人比擬成「物」。以適合「物體」或「生物」的動作或用語，讓「人」結合物體的特色，成為另一種生命力的展現。

例句三

我的腦袋瓜嗡嗡作響。

（用「嗡嗡作響」來形容自己的頭腦不清楚、煩躁。頭腦不會發出嗡嗡的聲響，只有東西會嗡嗡作響。）

三、形象化：將抽象的東西，用具體的方式表現出來。

例句四

考完試後，我的思緒馳騁在球場上。

（用「馳騁」將考試心情具體化。）

例句五

沉重的悲傷撕開我的心頭。

（悲傷是一種抽象的東西，用「撕」來把它具體化。）

例句六

熱鬧的廟會聲音，推開窗戶溜進來。

（用「溜」來把將聲音具體化。）

轉化補給站 ⋯

✿ 小朋友，在「老鼠愛撒謊」一文中，也有使用到「擬人法」喔！請你將
它找出來，並寫在下面：

_____

_____

_____

_____

修辭達人練功坊 ⋯

✿ 小朋友，請試著運用「轉化法」，接出完整的句子吧！

例如：狂風，請接 ——————➤（呼呼，齜牙咧嘴的吹向孤單的旅人）

寫出完整的句子 ——————➤（狂風呼呼，齜牙咧嘴的吹向孤單的旅人）

1. 水珠會跳舞，請接 ——————➤（   ）

　　寫出完整的句子（   ）

2. 兩隻小鳥，請接 ——————➤（   ）

　　寫出完整的句子（   ）

3. 人群不顧一切，請接 ——————➤（   ）

　　寫出完整的句子（   ）

4. 我將煩惱，請接 ——————➤（   ）

　　寫出完整的句子（   ）

5. 太陽公公，請接 ——————➤（   ）

　　寫出完整的句子（   ）

解答篇

❖ 品格 E.Z. go：1. ❹　　2. ❷　　3. ❷　　4. ❹　　5. ❸

❖ 開頭方法大挑戰（一）～擬人法

一、主題：請聽我說

　　　　陽光普照的日子，猴子和螃蟹約定一起去玩耍。沒想到，猴子站在樹下等了好久，不見螃蟹的身影。猴子擔心螃蟹在路上發生什麼意外，只見螃蟹抓著一顆蘋果，大搖大擺的走來，於是猴子氣急敗壞的衝回家，發誓再也不跟螃蟹說話了。

二、主題：棉花糖

　　　　棉花糖是位按摩高手，他輕輕的為我按摩，讓我的心飛到最高點；棉花糖是位鼎鼎有名的料理師，各種香味在我的口中不停的徘徊，讓我吃的津津有味；棉花糖是位厲害的魔術師，變出的魔術，讓我眉開眼笑。

三、主題：鋼琴

　　　　有著黑白分明的牙齒是我的註冊商標。看似冷漠的外表，其實我有一顆柔美的心。配合不一樣的心情，每天都過的很特別。心情好的時候，我會唱首輕快的音樂；當心情難過的時候，輕輕哼唱是我的習慣。

❖ **開頭方法大挑戰（二）～擬人法**

主題：**看誰厲害？**

　　在一座山上，有隻被槍射傷的野狼，躺在樹邊哀嚎著。想要喝點水，卻怎麼都站不起來。當他正無計可施時，意外發現來了一隻可愛的小羊。野狼的眼神亮了起來，隨即問小羊說：「你能不能拿點水給我喝呢？」小羊說：「好啊！可是該怎麼拿給你呢？」野狼露出可憐的眼神。小羊最後選擇相信野狼不會吃了他。但是，聰明的小羊說：「我幫你把水放在你的樹邊，你得自己想辦法去喝到水。」

❖ **轉化補給站**

1. 老鼠飛快的跑了出來，手裡抱著一堆乳酪。

2. 老鼠苦苦懇求牛原諒他，並且承諾以後不會再騙人了。

❖ **修辭達人練功坊**

1.（站在荷葉上，舞出曼妙的舞步）

　（水珠會跳舞，站在荷葉上，舞出曼妙的舞步。）

2.（走在電線杆上，悠閒的聊著天）

　（兩隻小鳥走在電線杆上，悠閒的聊著天。）

3.（湧了出來）

　（人群不顧一切，湧了出來。）

4.（趕出我的心底）

　（我將煩惱趕出我的心底。）

5.（對我微微笑）

　（太陽公公對我微微笑。）

珍愛生命　關懷他人

我是＿＿＿年＿＿＿班　作文小高手＿＿＿＿＿

文章來源：國語日報／95.11.9 星期四／第 10 版　兒童園地

◆邱昱蓉　台北縣忠義國小五年十班

　　前陣子，學校邀請創世基金會的陳小姐，來跟我們對談愛惜生命的重要，也讓大家觀賞了一段介紹植物人的影片。參加這場植物人座談會以後，我的心中五味雜陳，有溫暖，有難過，有感嘆，也有悲傷。我這才知道，原來有許多人跟我們不同。植物人，俗稱「睡王子」、「睡公主」，這代表他們有思想、意志，卻沒有行動能力。他們的背後往往也有一個家庭，從緊張、焦急、不知所措，抱著一絲希望到絕望，甚至被沉重的金錢負擔拖累。從完整到破碎，從醒著到沉睡，過程是我們無法想像的。

　　我們看見這樣絕望的情況，心中一小塊溫暖地帶或許被喚醒，但是過沒多久就遺忘了。因為大部分的人，愛心持久力有限。我們要檢討的不是政府怎樣補助需要幫助的人，而是我們該如何維持社會大眾愛心的持久力和溫度。形成植物人的原因很多，例如發生車禍、腦部缺氧、遭受電擊等。其中的共通點就是錯過了我們俗稱的「黃金救命時期」，患者只要錯過這段時間，八成都凶多吉少了。

　　美國有一個案例，有一個因意外而成為植物人的女生，名叫「泰麗」。她清醒的時候，曾經告訴她的丈夫，如果發生不測，不要用人工

（下頁續）

方式維持她的生命。於是，泰麗的丈夫決定拔除她的呼吸器，讓她安樂死；卻遭到泰麗父母的反對。畢竟誰能忍受讓「一個臉蛋紅潤，還有呼吸的清秀女孩」死亡呢？隨後，因為新聞媒體的報導，大家才發現，植物人的生死也會牽扯到倫理問題。在台灣，也有類似的案例。一名年輕的叔叔因為一場意外，使得他從此「臥床不起」。他的太太也像一般接到噩耗的人一樣，焦急、不知所措；但是他的太太走過來了，雖然心力交瘁，她仍然在丈夫的身邊呼喚，期盼奇蹟的降臨。或許，我們不知道植物人的夢中會有怎樣的畫面，但他們希望在醒來的時候，有親人在旁邊。這夢想也許不會實現，家屬仍然懷抱希望，這就是人性的可貴。

　　社會總有兩極化的現象，一如銅板有正有反。有人只關心自己，也有人默默關懷社會，不求回報。所以，我們要向這些人學習，珍愛生命，關懷他人。或許一個人的力量不算什麼，但是積沙可成塔，是他們讓愛的微風吹到世界的每個角落，再度讓人感受人性光輝。讓我們群起效法，成為那製造微風的人吧！

品格 E.Z. go

1.（　）本文內容與下列哪一個品格最相近？

❶關懷　　　　❷尊重　　　　❸責任　　　　❹誠實
❺公平正義　　❻信賴

2.（　）作者認為哪些人有能力關懷別人？

❶名人　　　　❷企業家　　　❸有錢的人　　❹社會大眾

3.（　）本文所關懷的是什麼人？

❶獨居老人　　❷植物人　　　❸921 災民　　❹受虐兒童

4.（　）面對身心障礙者，我們應該要有怎樣的態度？

❶冷漠不理他　　　　　　❷嘲笑欺負他
❸害怕閃避他　　　　　　❹體諒協助他

5.（　）關懷別人必須具備什麼條件？

❶一定要有錢　　　　　　❷等到有時間再說
❸用心持久　　　　　　　❹設立慈善基金會

鳳博士講座

開頭絕招──時空法

「前陣子，學校邀請創世基金會的陳小姐，來跟我們對談愛惜生命的重要，也讓大家觀賞了一段介紹植物人的影片。參加這場植物人座談會以後，我的心中五味雜陳，有溫暖，有難過，有感嘆，也有悲傷。我這才知道……過程是我們無法想像的。」小朋友，文章一開始就從時間或空間寫起，詳細刻畫、描述人、事、物的發生或經過，引領讀者了解事情發生的背景，這就叫做「時空法」。本文作者一開始點出題目「珍愛生命關懷他人」的時空因素，讓讀者想一探本文繼續的發展狀況。

「時空法」公開秀

❀ 文章的開頭，就讓讀者明瞭事情發生的背景。在此，鳳博士舉幾個例子，來讓你更了解時空法是如何深刻描寫文章的開頭。

例一	題目：做善事真快樂

「前一陣子我們五年級在學校辦了一場小型的園遊會，由於大家的努力，活動結束以後，算一算，竟然賺了將近五千元，真是出乎大家的意料之外。接下來，該怎麼運用這筆錢就成了我們熱烈討論的話題……」。

例二　題目：我愛爸爸

「今天，我心血來潮，翻開那些記錄著我成長的相簿，我看見您對我的愛和關懷。小時候，只要您一有空，總會陪我們堆積木、下棋、說故事。當我哭鬧不止，您就會小心翼翼的把我抱起來，輕輕的搖著我、逗著我；在您的懷裡，我感覺到安全，便會慢慢的停止哭鬧。遇到假日，您也會帶我們到各地去遊玩，無論是宜蘭的太平山、花蓮太魯閣……」

 # 開頭方法大挑戰（一）～時空法

一、小朋友，以下三則有關時空法的作文開頭，請用紅筆將時空法的特點：時間、空間所描述的人、事、物標註出來，測驗看看你的觀察力哦！

主題　體會

上個星期日，媽媽帶我去逛夜市，整條街上五花八門的攤販，不僅有琳瑯滿目的日常用品，還有色香味俱全的美食，讓人看了口水直流食指大動。我們先找一家鐵板燒店，填飽飢腸轆轆的肚子，然後再慢慢逛街。

主題　外婆受傷記

今年二月，已經七十五歲的外婆騎腳踏車在斜坡上摔倒，整個屁股和大腿間的骨頭都摔斷了，外婆被緊急送到醫院動手術。我還記得那天是星期三，舅舅打電話來時全家都十分擔心，但是因為爸媽要上班，我和哥哥要上課，外婆遠在高雄，我們只能打電話關心，焦急的等待星期五趕快來臨。

二、請你依下列提示用「時空法」寫一篇主題為「寒冬溫情」的文章開頭。

主題 **寒冬溫情**

提示：時間：去年冬天　地點：校園裡　事件：流行性感冒

_____

_____

_____

_____

_____

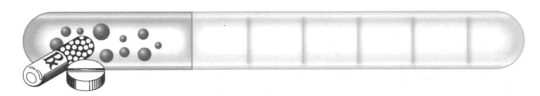

努力膠囊 ❋

小朋友！學習到這裡，請為自己的認真程度在下面的空格中塗上顏色，塗得越多代表越努力，加油！

開頭方法大挑戰（二）～時空法

✿ 小朋友，下圖依序 ❶、❷、❸、❹ 是「以關懷為主題的情境故事」，請你以「時空法」來為它習寫一段文章開頭，並為它訂一個主題。加油！發揮你敏銳的觀察力哦！

題目：＿＿＿＿＿＿＿＿＿＿＿＿＿（請自訂）

＿＿＿＿＿＿＿＿＿＿＿＿＿＿＿＿＿＿＿＿＿＿＿＿

＿＿＿＿＿＿＿＿＿＿＿＿＿＿＿＿＿＿＿＿＿＿＿＿

＿＿＿＿＿＿＿＿＿＿＿＿＿＿＿＿＿＿＿＿＿＿＿＿

＿＿＿＿＿＿＿＿＿＿＿＿＿＿＿＿＿＿＿＿＿＿＿＿

＿＿＿＿＿＿＿＿＿＿＿＿＿＿＿＿＿＿＿＿＿＿＿＿

修辭達人

 排比法

> **唸順口溜，學好修辭**
>
> 排排站向前看，高矮胖瘦都可以，
>
> 一二三三二一，前後位置沒關係，
>
> 比一比誰第一，各有特色不用比，
>
> 你帶頭我跟上，接二連三好有勁，
>
> 裝備齊精神佳，完成任務最要緊。

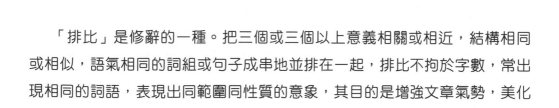

「排比」是修辭的一種。把三個或三個以上意義相關或相近，結構相同或相似，語氣相同的詞組或句子成串地並排在一起，排比不拘於字數，常出現相同的詞語，表現出同範圍同性質的意象，其目的是增強文章氣勢，美化文句，使文章具華麗感。

它的用法大致可分為如下三種：

一、用在說理，可使文章達到條理分明的效果。

例句一

克服困難，面對危險，接受挑戰，做個勇敢的人。

二、用在抒情文上，內容節奏較和諧，顯得感情洋溢。

例句二

只要你認識了書：孤獨時不寂寞；窮困時不淒涼；苦惱時有安慰；挫折時有鼓勵；軟弱時有督責；迷失時有南針。

三、用在敘事寫景能收層次清楚、描寫細膩、形容生動之效。

例句三

小雨在空中遊戲，小雨在屋頂唱歌，小雨在窗邊跳舞。

這稻田，這農舍，這小路，每一件事物都讓我想起故鄉。

 排比補給站

小朋友，在「珍愛生命　關懷他人」一文中，也有用到「排比」的修辭方法，請你來尋寶，找出哪一段是屬於上述哪一種用法？並將它摘錄寫下來。

_____

_____

_____

_____

修辭達人練功坊

一、 百發百中：小朋友，認真辨別相關性後，找出合適的詞句將它配對，將代號填入括弧中。

> ㄅ．知者不惑，仁者不憂

> ㄆ．是靜寂的、是夢幻的

> ㄇ．要高，就是不要長

> ㄈ．哪些粗言惡語，不可模倣

> ㄉ．靈活的雙手，溫柔的內心

> ㄊ．一生之計在於勤

> ㄋ．不得志，垂頭喪氣

> ㄌ．長流的水，永遠晶瑩；力行的人生，永遠光明

▫ 一日之計在於晨，一年之計在於春，（　　　　　）。

▫ 海上的夜是溫柔的、（　　　　　）。

▫ 子曰：「（　　　　　），勇者不懼。」

▫ 激盪的空氣，永遠新鮮；（　　　　　）。

▫ 他從電視裡，知道了哪些善行偉業，值得效法；（　　　　　）。

▫ 文章要深，要遠，（　　　　　）。

▫ 得志，驕盈狂妄；（　　　　　）。

▫ 有和藹的臉龐，（　　　　　），那就是我最親近的媽媽。

二、摩拳試身手：你也來試試！

1. 消防隊員冒著濃煙，冒著＿＿＿＿＿＿，冒著生命危險，拚命救人。

2. 大掃除開始了，有的刷牆壁，有的＿＿＿＿＿＿＿＿＿，有的＿＿＿＿＿＿＿＿＿，大家忙得不亦樂乎！

3. 下課了，校園裡到處都是人，有的人在＿＿＿＿＿＿＿，有的人在＿＿＿＿＿＿＿，有的人在＿＿＿＿＿＿＿。

4. 春姑娘來了，花兒紅了，＿＿＿＿＿＿＿，＿＿＿＿＿＿＿，大地露出了燦爛的笑容。

 ## 關懷隨身聽

寓言：立場不同

「一隻小豬、一隻綿羊和一頭乳牛，被關在同一個畜欄裡。有一次，牧人捉住小豬，他大聲號叫，猛烈地抗拒。綿羊和乳牛討厭牠的嚎叫，便說：「他常常捉我們，我們並不大呼小叫。」小豬聽了回答道：「捉你們和捉我完全是兩回事，他捉你們，只是要你們的毛和乳汁，但是捉住我，卻是要我的命呢！」

□ 從以上這個寓言故事，我們知道，立場不同、所處環境不同的人，很難了解對方的感受；因此對別人的失意、挫折、傷痛，不宜幸災樂禍，而應要有關懷、了解的心情去同理別人，關心別人，甚至周遭的環境。

天上最美是星星，人間最美是溫情！

多關懷，將使世界更完美。

願每個人都能成為這世界的守護者！

解答篇

❖ 品格 E.Z. go：1. ❶　　2. ❹　　3. ❷　　4. ❹　　5. ❸

❖ 開頭方法大挑戰（一）～時空法

主題：體會

　　上個星期日，媽媽帶我去逛夜市，整條街上五花八門的攤販，不僅有琳瑯滿目的日常用品，還有色香味俱全的美食，讓人看了口水直流食指大動。我們先找一家鐵板燒店，填飽飢腸轆轆的肚子，然後再慢慢逛街。

主題：外婆受傷記

　　今年二月，已經七十五歲的外婆騎腳踏車在斜坡上摔倒，整個屁股和大腿間的骨頭都摔斷了，外婆被緊急送到醫院動手術。我還記得那天是星期三，舅舅打電話來時全家都十分擔心，但是因為爸媽要上班，我和哥哥要上課，外婆遠在高雄，我們只能打電話關心，焦急的等待星期五趕快來臨。

主題：寒冬溫情

提示：時間：去年冬天　　地點：校園裡　　事件：流行性感冒

　　去年冬天，連續幾個寒流來襲，格外寒冷，一陣陣凜冽的寒風吹來，路上的行人紛紛縮著頭。校園裡落葉掉滿地，每間教室緊閉，許多同學得了流行性感冒，不時傳來此起彼落的咳嗽聲，頓時，感覺圍在脖子上那條媽媽親手為我編織的毛線圍巾，為這寒冬傳來無限的溫情。

❖ **開頭方法大挑戰（二）～時空法**

題目：**溫馨五月天**

　　去年五月五日端午節的時候，天氣非常炎熱，我和同學相約去公園玩耍，經過市場時，看見一個老爺爺拄著枴杖，撿拾市場外丟棄的紙箱與寶特瓶，我跟在老爺爺身後一步步的回家，才發現老爺爺是個獨居老人，住在市場邊簡陋的小屋裡，撿拾資源回收物換取微薄的收入來養活自己，那虛弱的身體彎腰駝背、蹣跚步履的身影，讓我有些於心不忍。從那一刻起，我便下定一個決心，將來，一定要成為能夠幫助別人的人。

❖ **排比補給站**

一、用在抒情

　　□ 我的心中五味雜陳，有溫暖，有難過，有感嘆，也有悲傷。

二、用在敘事

　　□ 他們的背後往往也有一個家庭，從緊張、焦急、不知所措，抱著一絲希望到絕望，甚至被沉重的金錢負擔拖累。

　　□ 從完整到破碎，從醒著到沉睡，過程是我們無法想像的。

❖ **修辭達人練功坊**

一、百發百中

　　（ㄊ）（ㄆ）（ㄅ）（ㄌ）（ㄈ）（ㄇ）（ㄋ）（ㄉ）

二、摩拳試身手

　　1. 大火
　　2. 擦窗戶，排桌椅
　　3. 聊天，打球，玩遊戲
　　4. 草兒綠了，天氣暖和了

尊重

我是＿＿＿年＿＿＿班　作文小高手＿＿＿＿＿＿

為別人著想

文章來源：國語日報／96.11.6 星期一／第 10 版　兒童園地

◆凃思羽　新竹縣芎林國小六年丁班

　　爸爸職務升遷那天，心情很好，決定全家人出去吃晚餐。出門以前，爸爸問大家：「你們想吃什麼？」

　　「滷肉飯！」妹妹興奮的搶答。

　　「我想要吃水餃！」我跳著說。媽媽說她很想吃牛肉麵。

　　「吃水餃！水餃！水餃！」我喊著。

　　「我不管，我要吃滷肉飯！」妹妹不甘示弱的說。火藥味越來越濃，眼看一場家庭大戰即將爆發。

　　爸爸靈機一動，對大家說：「那麼我們到百貨公司的美食街好了！那兒什麼都有。」這個提議兼顧不同的需求，大家都贊成。

　　想玩的項目不同，想去的地方不一樣，想看的節目各有所好，這種意見不同的情況，每個家庭都會遇到。如果堅持己見，不肯妥協，就可能引發一場紛爭。解決紛爭，通常都是由父母的權威，或者誰哭喊得最大聲決定勝負；可是這麼一來，家庭氣氛就會弄僵，怨氣累積在心裡，反而形成了不定時炸彈。

　　我家就不一樣，雖然不是每次都能皆大歡喜，但是不會有人不高興或不服氣。例如，妹妹想去遊樂園，我想去看電影，媽媽就會說：「今

（下頁續）

天時間比較長，比較適合去遊樂園，下次再找時間去看電影。」大家都欣然同意。

有一次，爸爸帶了兩個玩具回來，要妹妹先選，妹妹指著其中一個玩具說：「姊姊喜歡藍色，藍色的小熊給她。」因為爸爸、媽媽用理性的方式溝通，無形中也讓我們學會體貼別人的需求。所以，我和妹妹處理事情，也會為別人著想。

避免紛爭的方法很多種，但是有一個共同點，就是為別人著想，也就是不要把「我」擺在第一位。「我為人人，人人為我。」縮小自己，是我家氣氛和樂的不二法門。

品格 E.Z. go ⁛

1.（　）本文內容與下列哪個品格最相近？
　　❶責任　　　　❷尊重　　　　❸誠實
　　❹信賴　　　　❺公平正義　　❻關懷

2.（　）全家人決定出去吃晚餐的原因是什麼？
　　❶爸爸中樂透　　　　　　❷媽媽不想下廚
　　❸爸爸職務升遷　　　　　❹作者生日

3.（　）原本大家對晚餐的意見都不同，最後選擇到美食街用餐的原因是？
　　❶停車較方便
　　❷那兒什麼都有，兼顧不同的需求，大家都贊成
　　❸爸爸以權威決定
　　❹妹妹吵贏了

4.（　）當遇到紛爭時，這個家庭通常用什麼方式解決？
　　❶理性的溝通　　　　　　❷父母的權威
　　❸哭鬧　　　　　　　　　❹冷戰

5.（　）妹妹：「姐姐喜歡藍色，藍色小熊給她。」從這句話可以感覺到妹妹
　　擁有哪個特質？
　　❶奸詐　　　　❷大膽　　　　❸自私　　　　❹體貼

6.（　）哪一個不是避免紛爭的方法？
　　❶為別人著想　　　　　　❷把「我」擺在第一位
　　❸縮小自己　　　　　　　❹少數服從多數，多數尊重少數

豹博士講座

結尾絕招——總結法

　　小朋友，你曾經和同學討論事情嗎？例如：討論同樂會的事情，在大家七嘴八舌之後，通常會議主持人會歸納討論的重點與結果，讓大家清楚會議的結論是什麼。在寫文章的時候，我們也會在長篇大論後，用簡單幾句話，綜合全文的意思，歸納出一個結論，或者總括出題旨，這就是「總結法」。像「為別人著想」這篇文章就是利用總結法結尾，寫出主旨：為別人著想，縮小自己，是維持和樂與避免紛爭的不二法門。

「總結法」公開秀

例一　題目：值日生的甘苦談

　　總而言之，當值日生雖然有甘有苦，但是它能訓練我們的負責態度與服務精神，並學習處理日常生活事務。從現在起，我要好好把握每一次輪值的機會，確實負責值日生工作。

　　豹博士說明：文章在結尾點出全文主旨，擔任值日生是為了訓練我們的負責態度與服務精神，並學習處理日常生活事務，這就是總結法。

結尾方法大挑戰（一）～總結法

一、小朋友，請你判斷下面的句子，屬於總結法的在括弧裡畫〇，不是的畫
　　✗。

❶【　　　　　】

> ## 如果
>
> 　　希望我的願望能夠實現，讓我幫助需要幫助的人，為社會盡一份心
> 力。有句話說：「天下無難事，只怕有心人。」相信只要肯努力，遲早有
> 一天，願望必定會實現。

❷【　　　　　】

> ## 勇於認錯
>
> 　　勇於認錯，是用良心面對真實的自己；勇於認錯，能讓自己成為頂天
> 立地的人。「知錯能改，善莫大焉。」我們應該將勇於認錯的觀念深植於
> 大家的心中，並以這些勇於認錯的人為榜樣，效法他們的行為。

二、SOS 拯救原文大作戰

　　大雄今天在學校出現不禮貌的行為，老師發給他一篇文章——「禮
貌」，希望他回家好好閱讀並反省。誰知道迷糊的大雄不小心把它剪得支離
破碎，而明天就要還給老師了，偏偏哆啦 A 夢又不在身邊，大雄急得像熱鍋
上的螞蟻。現在要請作文小高手幫大雄在 ✸ 裡寫上段落順序，好讓大雄順
利將它復原！

　　根據大雄的描述，文章的開頭是用「原因法」，而結尾是用「總結
法」，其中第三段敘述老師教導他們講究禮貌，成為受歡迎的人。

文章來源：
國語日報／
95.11.22 星期三／
第 10 版　兒童園地
作者：黃祉綺

平時，老師就教導我們要講究禮貌。因為一個有禮貌的人，會使對方感受被尊重的喜悅。有禮貌的人受到大家的歡迎，在他身上可以看見教育成功的一面，以及個人修養，難怪父母師長都特別喜歡這樣的孩子。

一個不懂禮貌的人，用粗鄙的態度對待他人，一定會引起他人心裡的不悅，除了不願理會，有些人甚至會用相同的態度回應。這時候就容易引發爭執，不僅對人際關係沒有幫助，更帶來了無謂的爭端，不是很划不來嗎？如果一開始就以謙卑、恭敬的態度對待彼此，必定能呈現安詳、和樂的景象。

「阿姨，能不能請妳借我電話，我要聯絡我媽媽。」「姊姊，謝謝妳借我書，我已經看完了。」「叔叔，對不起，我昨天把羽毛球打進你家庭院了，可以請你幫我拿嗎？」他常常把「請」、「謝謝」、「對不起」三句話掛在嘴上，再配合恭敬的態度，總是留給別人良好的印象，對他的請求多半能愉快且善意的回應。

禮貌是為人處世最基本的條件。看看別人，想想自己，如果我也能時時留意自己和他人互動的禮節，那麼我也會慢慢改變別人對我的看法，漸漸成為鄰里間的禮貌天使，讓媽媽以我為榮。

媽媽常常誇讚鄰居一個小朋友，我剛開始不以為然，覺得他並沒有什麼特別的地方，觀察一陣子以後，發現原來是他很有禮貌。

 結尾方法大挑戰（二）～總結法

一、下面的圖畫代表一件完整的事件，請你在看完後，以「總結法」的方法
　　為下面的圖畫寫出一個與尊重有關而且富有創意的結尾：

主題	

二、經過上面的練習，相信你對總結法已經不陌生了！現在，請你從報紙
　中，找出一篇用總結法開頭的好文章，貼在下面和朋友一起欣賞。

----- 浮 ----- 貼 ----- 處 -----

資料來源：

國語日報＿＿＿年＿＿＿月＿＿＿日

第＿＿＿版　版名＿＿＿＿＿＿＿＿＿＿＿＿

努力程度檢測表 ❄

請為自己的認真程度塗上顏色，塗得越多代表越努力。

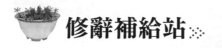

修辭補給站 ⋙

小朋友，在「為別人著想」一文中，有用到排比、頂真和借代修辭，請找出這些句子，並將句子寫在下面：

1. 排比：【＿＿＿＿＿＿＿＿＿＿＿＿＿＿＿＿＿＿＿＿＿＿＿】

2. 頂真：【＿＿＿＿＿＿＿＿＿＿＿＿＿＿＿＿＿＿＿＿＿＿＿】

3. 借代：【＿＿＿＿＿＿＿＿＿＿＿＿＿＿＿＿＿＿＿＿＿＿＿】

解答篇

❖ 品格 E.Z. go：1.❷　　2.❸　　3.❷　　4.❶　　5.❹　　6.❷

❖ 結尾方法大挑戰（一）～總結法

一、❶ ✕　　❷ ○

二、

文章來源：
國語日報／
95.11.22 星期三／
第 10 版　兒童園地
作者：黃祉綺

❸　平時，老師就教導我們要講究禮貌。因為一個有禮貌的人，會使對方感受被尊重的喜悅。有禮貌的人受到大家的歡迎，在他身上可以看見教育成功的一面，以及個人修養，難怪父母師長都特別喜歡這樣的孩子。

❹　一個不懂禮貌的人，用粗鄙的態度對待他人，一定會引起他人心裡的不悅，除了不願理會，有些人甚至會用相同的態度回應。這時候就容易引發爭執，不僅對人際關係沒有幫助，更帶來了無謂的爭端，不是很划不來嗎？如果一開始就以謙卑、恭敬的態度對待彼此，必定能呈現安詳、和樂的景象。

❷　「阿姨，能不能請妳借我電話，我要聯絡我媽媽。」「姊姊，謝謝妳借我書，我已經看完了。」「叔叔，對不起，我昨天把羽毛球打進你家庭院了，可以請你幫我拿嗎？」他常常把「請」、「謝謝」、「對不起」三句話掛在嘴上，再配合恭敬的態度，總是留給別人良好的印象，對他的請求多半能愉快且善意的回應。

❺　禮貌是為人處世最基本的條件。看看別人，想想自己，如果我也能時時留意自己和他人互動的禮節，那麼我也會慢慢改變別人對我的看法，漸漸成為鄰里間的禮貌天使，讓媽媽以我為榮。

❶　媽媽常常誇讚鄰居一個小朋友，我剛開始不以為然，覺得他並沒有什麼特別的地方，觀察一陣子以後，發現原來是他很有禮貌。

❖ **結尾方法大挑戰（二）～總結法**

一、主題：<u>尊重父母</u>

　　　<u>尊重是一種美德，也是一種禮貌。陌生人都應該受尊重了，更何況是養育我們的父母？沒有父母，就沒有我們，尊重父母便是報答養育之恩最基本的方式。</u>

二、（略）

❖ **修辭補給站**

1. 排比：【<u>想玩的項目不同，想去的地方不一樣，想看的節目各有所好。</u>】

2. 頂真：【<u>姊姊喜歡藍色，藍色的小熊給她。</u>】

3. 借代：【<u>火藥味越來越濃，眼看著一場家庭大戰即將爆發。</u>】

責任

我是＿＿年＿＿班　作文小高手＿＿＿＿＿＿

本分

文章來源：國語日報／95.8.25 星期五／第 4 版　青春版

◆朱峻賢　屏東縣至正國中八年一班

　　日復一日，年復一年，我生活在考試書籍之中，一個個惱人的公式有如麻繩綑綁了我的心思；一道道待解的難題堆滿了書桌；一張張艱澀的考卷，讓我整天陷入分數的苦惱中。

　　雖然即將升上國三，我卻沒有成長的喜悅，只覺得更多現實的壓力加在身上。面對升學的關卡，我不知道拿什麼當動力鼓勵自己往前衝刺，我的未來又該何去何從？我因為肩負著父母和師長的期許而感到徬徨。「前途」，是何許人也？我看不清佇立在遠方的他；「期許」，是多大的重擔？我摸不清他龐大的身軀。

　　走在學習的路上，我還像是在一片荒涼沙漠中顛躓的駱駝，沒有目標的移動。我一向對升學無關的書籍有很濃厚的興趣，曾經試圖在哲學書籍中找尋求學的方向，嘗試在各種科學書籍中找尋出路，然而，我卻找不著沙漠的綠洲。我想擺脫課業壓力的情緒日漸高漲，甚至害怕面對茫茫的國三生涯。

　　那一段日子我變得消極、得過且過。我妄想成為悠然自得的陶淵明，羨慕他能以〈歸園田居〉詩，笑看渺茫的成就競逐；我嚮往個性

（下頁續）

瀟灑的李白，幻想在池中撈月，躲過學習的負荷。可是，我卻忽略了即使是陶淵明、李白，也必須承受現實的殘酷呢！

當時，逃避現實的我，重重的摔了一跤；一整個學期，在「紅榜」的前半段看不見我的名字！這一跤，雖然無比的疼痛，卻讓我認清了學生的本分，認清人生就是一連串和現實搏鬥的過程。

舉起掛在書桌前的木劍，我仰天長嘯。學生的本分，就是克服學習的沙漠；和自己的惰性奮鬥，和自己的無知搏鬥，和無情的時間賽跑。我告訴自己：「坐在書桌前苦讀是我的義務，面對考試的磨練是我的本分。奔跑吧！儘管未來晦暗不明；拔劍吧！儘管敵人無比強大。」本著一個學生的苦幹和傻勁，我將在學習的路上揚起「本分」的旗幟奔跑。所以我心甘情願打一場轟轟烈烈的升學「聖戰」！

「做一天和尚敲一天鐘」，「本分」兩字，是對自我的實踐。有了如此的體悟，我的心海闊天空。

梁啟超說：「人生最大的痛苦，莫過於背負著一種未了的責任。」重新坐在書桌前，面對繁重的課業，我的內心漸漸燃起希望的火炬。一個個公式再也無法綑綁我，一道道艱深的試題再也無法羈絆我，學習困難的道路仍然窒礙難行，未來仍然充滿不確定，但是現在我不再逃避，不再徬徨。

品格 E.Z. go

1.( ) 本文內容與下列哪一個品格最相近？

　　❶信賴　　　　❷關懷　　　　❸公平正義

　　❹誠實　　　　❺責任　　　　❻尊重

2.( ) 你從哪一句可以看出它具有這樣的品格？

　　❶我生活在考試和書籍之中

　　❷我想擺脫課業壓力的情緒日漸高漲

　　❸坐在書桌前苦讀是我的義務，面對考試的磨練是我的本分

　　❹那一段日子我變得消極、得過且過

3.( ) 作者正面臨著什麼困境？

　　❶家庭冷戰局面　　　　　　❷課業壓力

　　❸青春期的煩惱　　　　　　❹與朋友之間的相處問題

4.( ) 作者如何解決這個困境？

　　❶歇斯底里　　❷勇於面對　　❸不斷逃避　　❹處之淡然

5.( ) 下列文章中的句子何者和「本分」無關？

　　❶做一天和尚敲一天鐘

　　❷人生最大的痛苦，莫過於背負著一種未了的責任

　　❸我像是在一片荒涼沙漠中顛躓的駱駝，沒有目標的移動

　　❹這一跤，雖然無比疼痛，卻讓我認清了學生的本分

豹博士講座

結尾絕招——引用法

小朋友，在文章的結尾引用與題目有關的俗語、成語、典故、詩歌、寓言或古今中外名人的嘉言，來強調主題，總結全文，這就叫做「引用法」。所以，在寫議論文、說明文時，使用引用法作結尾，就能增強文章的說服力。

「引用法」公開秀

例一　題目：勤能補拙

愛迪生說：「天才是一分靈感，九十九分的努力。」所以一個人的成功與失敗，不在於他的資質聰明或愚拙，關鍵在於選擇勤勞還是懶惰的態度去面對。如果資質不夠聰穎，勤勞就是勤能補拙的最佳良藥。

豹博士說明：引用法中，若能有效運用名人嘉言，不僅增加文章的可看性，文章也更具有說服力。

例二　題目：迎向挑戰

俗話說：「人生不如意，十之八九。」遇到挫折，要不氣餒，勇往直前，相信毅力與努力，可以讓自己再次迎向挑戰，今日的辛苦，將灌溉出明日成功的果實。

豹博士說明：「人生不如意，十之八九。」就是說明了人生總有許多挫折與困難，利用俗語，再次說明要努力面對挑戰的觀念，讓文章頭尾互相呼應。

結尾方法大挑戰（一）～引用法

一、小朋友，現在請將詞語填入適當的佳句中，並連接出適合的主題。

百分之一的天才	以後種種，譬如今日生	十之八九
先要怎麼栽	書中自有黃金屋	今日畢

1. 古人說：「從前種種，譬如昨日死；
（　　　　　　　　　　　　　　　）。」

勤能補拙

2. 愛迪生：「成功是（　　　　　　），
百分之九十九的努力。」

化悲憤為力量

3. 古人說：「（　　　　　　　　），
書中自有顏如玉。」

從今日起

4.「要怎樣收穫，（　　　　　　　）。」

耕耘與收穫

5.「人生不如意，（　　　　　　　）。」

做時間的主人

6. 俗話：「今日事，（　　　　　　　）。」

讀書樂

二、現在請小朋友依據文章的內容，為它寫一段「引用法」結尾的文章。

題目：自己選擇，自己負責

　　回想起那年夏天，和媽媽一起看過電影「心動奇蹟」後。瑪莉和牠的三個小狗……一直讓人感動著。後來拜託了媽媽很久，媽媽終於答應讓我也擁有一隻小柴犬。到了約定的那天，當我由寵物店的老板手中接過我親愛的「皮皮」的時候，媽媽對我說一句：「自己選擇，自己負責。」當時沉浸在可以飼養寵物的喜悅中，所以不懂；現在卻感受良多。

　　皮皮在家的時候，牠就像電影一樣，會跑到我的床邊，舔舔我，叫我起床，還會跟我一起玩遊戲，而我也認為只需要在上學、放學的時候記得給牠食物就好。生活好快樂唷!!

　　但是，沒多久，才發現麻煩的事情來了……皮皮很愛玩，我必須放棄跟同學聊即時通的時間帶牠出去散步，還要準備小袋子、小掃把幫牠清潔便便「天丫，我是淑女耶……！！」。皮皮超容易流汗，假日我還必須要找時間幫牠洗澡，不然就會長蟲子，讓人都不敢碰。「吼……臭皮皮不要跑啦，過來洗澡啦！！」

　　然後就這樣過了一年，現在皮皮也已經變好大隻了，牠的頭幾乎到我的腰部了，每天、每週我還是很認真的幫牠洗澡、帶牠散步，不管多麻煩，都沒有跟媽媽抱怨過……因為「自己選擇，自己負責。」

_____

_____

_____

_____

結尾方法大挑戰（二）～引用法

🌸 請根據下列給的情境圖片，寫出使用「引用法」做文章的結尾。

❶

❷
現在
32 度 C
以前
24 度 C

❸

❹

主題	_____

_____
_____
_____
_____
_____
_____
_____
_____

努力程度檢測表

請為自己的認真程度塗上顏色，塗得越多代表越努力。

修辭補給站

 小朋友，這次介紹的文章「本分」，作者使用非常多的修辭句子。現在，請為下列句子填入使用的修辭。

設問　　轉化　　排比　　引用　　借代

1. 梁啟超說：「人生最大的痛苦，莫過於背負著一種未了的責任。」重新坐在書桌前，面對繁重的課業，我的內心漸漸燃起希望的火炬。

　　⇨（　　　　　　　）法

2. 在「紅榜」的前半段看不見我的名字！⇨（　　　　　　　）法

3.「做一天和尚敲一天鐘」，「本分」兩字，是對自我的實踐。

　　⇨（　　　　　　　）法

4.「前途」，是何許人也？我看不清佇立在遠處的他。

　　⇨（　　　　　　　）法＋（　　　　　　　）法

5. 和自己的惰性奮鬥，和自己的無知搏鬥，和無情的時間賽跑。

　　⇨（　　　　　　　）法

責任隨身聽 ···

站在貓尾巴上

　　現在，跟你說一個故事。有一個家庭養了一隻貓，媽媽在家常常聽到小貓痛苦的哀號著，此時她知道這絕對是她兒子正在玩弄小貓。媽媽總是喊著：「兒子，不要再拉扯小貓的尾巴！」兒子總是頂嘴說：「我又沒有拉牠的尾巴，我只是站在牠的尾巴上面，是牠自己在拉扯。」

　　小朋友，你認為這件事的責任是小男孩的錯還是小貓的錯呢？人們總喜歡把事情的責任推給別人，那樣的心態就跟小男孩沒兩樣。記得，「負起責任」是建立人生課題的重要一步！

解答篇

❖ 品格 E.Z. go：1. ❺　　2. ❸　　3. ❷　　4. ❷　　5. ❸

❖ 結尾方法大挑戰（一）～引用法

一、名言佳句配對

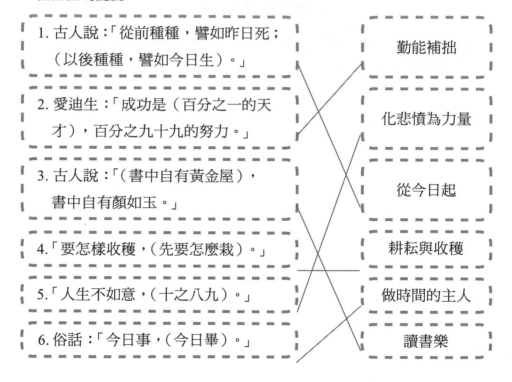

1. 古人說：「從前種種，譬如昨日死；（以後種種，譬如今日生）。」

2. 愛迪生：「成功是（百分之一的天才），百分之九十九的努力。」

3. 古人說：「（書中自有黃金屋），書中自有顏如玉。」

4. 「要怎樣收穫，（先要怎麼栽）。」

5. 「人生不如意，（十之八九）。」

6. 俗話：「今日事，（今日畢）。」

勤能補拙

化悲憤為力量

從今日起

耕耘與收穫

做時間的主人

讀書樂

二、文章接寫（參考答案）

　　媽媽跟我講的這句話我會牢牢記住，在將來，我想我會面對更多的選擇：選擇今天是要先看書寫作業還是先看完星光大道，選擇要不要參加補習，選擇要升哪間學校。在面對這些選擇時，我會更認真思考，選擇不後悔的決定，為自己負責的。

❖ **結尾方法大挑戰（二）～引用法**

主題：<u>愛護地球</u>

　　俗話說：「世上無難事，只怕有心人。」只要每個人都能做到隨手做環保，垃圾量就會減少一半，相對地地球的溫室效應也就能緩慢下來。愛護地球人人有責，若是你我都能從日常生活中做起，便能減少對這個世界的破壞。

❖ **修辭補給站**

1.（引用）　2.（借代）　3.（引用）　4.（轉化、設問）　5.（排比）

認錯就是給自己機會

文章來源：國語日報／95.11.2 星期四／第 5 版　少年文藝

◆盧蘇偉

　　七月十五日至八月三日，我們帶一群孩子騎獨輪車環島挑戰。途中有個孩子因為一時情緒失控而嚴重違規，他一再指責別人的不是，害他跌倒及情緒失控，讓他不想再騎。

　　經過一個下午，這個孩子看到別人高興的騎車玩樂，對自己的行為感到後悔；但又不知道如何收拾闖下的大禍，就藉口說自己的錯是其他人害的。

　　我以嚴厲的態度教導他：「犯錯的人只有一個選擇，要給自己全新的機會，就是勇於認錯！」他猶豫了一下，未正面回應我，只是低下頭喃喃自語：「做錯事的人那麼多，我只不過一時衝動犯了點小錯，為什麼要這麼嚴厲的懲罰我，不肯再給我一次機會？」

　　我問他：「要不要讓這件事塵埃落定？要不要讓自己從這件事中浴火重生，做個讓人刮目相看的人？」他沒有回答。

　　那個晚上他一夜都未睡好，不斷想合理化自己的行為，但也清楚自己的過失。這種內在的紛擾不定，是對犯錯者最大的懲罰。

（下頁續）

　　第二天一大早，他就在大廳等我，向我認錯，並流下淚水。我抱著他，也流下感動的淚水：「你很勇敢，也很聰明！有許多人會繼續選擇逃避和僵持，你真的很棒！」

　　出發前，我特別表揚了這個孩子，也藉這個機會和孩子分享：「一個人從什麼時候開始能坦承面對自己，就什麼時候起給自己一個全新的機會。否則就會一直陷在錯誤的泥沼中，永遠自我懲罰，直到坦承錯誤。」

 ## 品格 E.Z. go ▷

1.（　）本文內容與下列哪一個「品格」的意義最相近？

　　❶尊重　　　❷公平正義　　❸誠實

　　❹信賴　　　❺關懷　　　　❻責任

2.（　）你是從哪一句看出來的？

　　❶他一再指責別人的不是

　　❷我只不過一時衝動犯了點小錯，為什麼要這麼嚴厲的懲罰我

　　❸那個晚上他一夜都未睡好，不斷想合理化自己的行為

　　❹犯錯的人只有一個選擇，要給自己全新的機會，就是勇於認錯

3.（　）當我們對自己的行為感到後悔時，下一步應當如何做？

　　❶死不認錯　　　❷勇於認錯　　　❸找藉口推拖　　❹假裝不在意

4.（　）認錯就是？（哪一個是錯的）

　　❶給自己全新的機會　　　　❷讓自己浴火重生

　　❸讓人刮目相看　　　　　　❹對犯錯者最大的懲罰

 ## 結尾絕招──啟示法

所謂「啟示法」就是用所得到的啟示或教訓來引申題意，總結全篇文章。

 ## 「啟示法」公開秀

例一　題目：認錯就是給自己機會

出發前，我特別表揚了這個孩子，也藉這個機會和孩子分享：「一個人從什麼時候開始能坦承面對自己，就什麼時候起給自己一個全新的機會。否則就會一直陷在錯誤的泥沼中，永遠自我懲罰，直到坦承錯誤。」

例二　題目：合作

面對任何事情，儘管有多麼的艱辛，只要大家能團結一致，分工合作，盡自己的力量全力以赴，共同為目標努力奮鬥，最後一定可以成功的。

例三　題目：愛惜光陰

光陰似箭，歲月如梭，時光是不會等人的，我們千萬要把握光陰，及時努力，創造自己光明的前途。

結尾方法大挑戰（一）～啟示法

小朋友，現在就讓豹博士來引導你學會「啟示法」的使用吧！

一、說到「啟示」，許多大家耳熟能詳的童話故事或寓言故事，都能帶給我
　　們很大的啟示，拿起筆來連連看吧！

故事		啟示
龜兔賽跑 ●	●	有志者事竟成
井底之蛙 ●	●	人外有人天外有天
愚公移山 ●	●	說謊的後果
畫蛇添足 ●	●	勝不驕敗不餒
放羊的孩子 ●	●	多此一舉

二、請依據文章的內容，用「啟示法」寫一段結尾。

題目：阿諾學誠實

文章來源：國語日報／95.1.4 星期三／第 7 版　兒童園地
◆陳思穎　台北縣榮富國小四年十二班

　　有一個愛說謊話的小男孩叫做阿諾。有一天半夜十二點鐘，阿諾起
床喝水，突然看見一位小精靈，自稱是阿諾的守護天使，想請他喝飲
料。阿諾接過飲料，一口氣喝了下去，完全不知道自己喝的是「木偶牌
特製果汁」。

（下頁續）

　　小精靈問阿諾：「你幫助過人嗎？」阿諾回答：「有哇！很多人呢！」才一說完，阿諾的身體立刻變矮了十公分，阿諾嚇了一跳！精靈接著問：「你有沒有乖乖去上學呀？」阿諾說：「嗯！老師還說我上課很認真呢！」說完，阿諾的身體又矮了十公分，他覺得不可思議，又有點兒害怕。精靈再問：「哦！那你有好好的寫功課嗎？」阿諾回答：「有哇！同學說我的字很漂亮喲！」說完，阿諾的身高就變成九十公分了，他好緊張，不知道該如何是好。正想要問小精靈，為什麼會變得這麼矮，小精靈卻突然不見了。

　　阿諾好想哭，好害怕，不知道要怎樣做，才能變回原來的身高。忽然，精靈出現了。精靈對他說：「那就要看你的表現了，可不要再說謊了！」阿諾流下了後悔的眼淚，他每流一滴眼淚，便長高一公分。精靈說：「只要你以後不說謊，魔咒就會解除。」

_____

_____

_____

_____

_____

_____

_____

_____

結尾方法大挑戰（二）～啟示法 ❊❊

一、下面的連環圖畫代表一個完整的故事，請你在看完後，以「啟示法」為
　　下面的故事寫出一個與誠實有關的結尾。

主題　羊與牧羊人

_____

_____

_____

_____

_____

_____

_____

二、經過上面的練習，相信你對啟示法已經不陌生了！現在，請你從國語日報中，找出一篇用啟示法開頭的好文章，貼在下面和朋友一起欣賞。

----- 浮 ----- 貼 ----- 處 -----

資料來源：

國語日報＿＿＿年＿＿＿月＿＿＿日

第＿＿＿版　版名＿＿＿＿＿＿＿＿

努力程度檢測表

請為自己的認真程度塗上顏色，塗得越多代表越努力。

誠實隨身聽

　　美國故總統傑弗遜痛恨說謊，他說：「沒有什麼手段比說謊更下賤，更可憐，更卑鄙了。」

　　德國哲學家康德也相信：「沒有一種謊言可以接受，即使是救命的謊言也不能接受。」

　　法國哲學家盧梭：「為了本身或他人利益而說謊，是詐騙；為了陷害他人而說謊，是誹謗，這些都是最壞的撒謊。而對本身和他人無害也無利的說謊都不算說謊，那只是『虛構』，而不是『謊言』。」

　　最近中視「超級星光大道」節目中，有一個參賽者楊宗緯歌唱實力雄厚，一路過關斬將，很有機會奪冠獲得高額獎金並出唱片，卻因為「謊報年齡」參賽而遭網友批評，最後付出「退出比賽」的慘痛代價。

　　沒有一個人喜歡受謊言欺騙，而且謊話一旦被拆穿，就會喪失自己的信用和他人的信任，所以，編織謊言時必須想一想：「今天的收穫是否能勝過明天的損失。」

解答篇

❖ 品格 E.Z. go：1. ❸　　2. ❹　　3. ❷　　4. ❹

❖ 結尾方法大挑戰（一）～啟示法

一、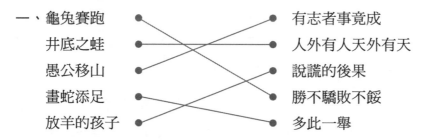

龜兔賽跑　　　　　　　有志者事竟成

井底之蛙　　　　　　　人外有人天外有天

愚公移山　　　　　　　說謊的後果

畫蛇添足　　　　　　　勝不驕敗不餒

放羊的孩子　　　　　　多此一舉

二、接著阿諾就被嚇醒了，他想到如果再說謊身高就會變矮，決定以後不再說謊，要做一個誠實的好孩子。

❖ 結尾方法大挑戰（二）～啟示法

一、牧羊人決定要向牧場主人承認羊角是他打斷的，並向牧場主人道歉請求原諒。

二、（略）

公平正義

我是＿＿＿年＿＿＿班　作文小高手＿＿＿＿＿＿

運動會風波

文章來源：國語日報／95.11.25 星期六／第 12 版　家庭

◆吉兒克

　　近來，學校即將舉辦一年一度的校慶運動會。校園裡，常有一些辛苦的老師帶學生練習跑步、跳遠、擲壘球、跳高……，準備讓他們大顯身手。

　　運動會前一週，有個家長在學校網站的留言板上，留下一封長信給校長。內容大約是抗議每年運動會總有些長得較瘦小、較胖、運動神經不發達的孩子，沒有辦法入選參賽。這些「可憐蟲」，只能年年當啦啦隊……。那個家長覺得這不公平、也是錯誤的，運動會應讓每個孩子都能參加比賽。

　　這則留言，在校園和家長間引起軒然大波。老師覺得每次運動會都很傷腦筋，有些學生的測驗結果，明明就是不理想，難道要硬將程度較好的孩子換下？這樣做對其他孩子就公平嗎？看到有的孩子因為不能入選而失望，雖然心中會覺得相當不捨，但也必須對他們說：「孩子，機會是靠自己努力爭取的。在還沒取得之前，要多多努力。而且每個人的專長不同，不能參加這一項，其他的項目也可以爭取看看呀！」

　　我有個體能極佳的女兒，去年運動會中，她參加了三項個人競賽，拿了兩面金牌，一面銀牌。這個孩子功課表現並不傑出，每次月考只能眼睜睜看著同學拿回一張張的獎狀。女兒只能靠運動項目重拾

（下頁續）

信心，因為對她而言，上台領獎是多大的鼓舞，多麼風光啊！可惜，一年僅有一次機會。如果她連「僅存」的表現機會，都被老師因為其他考慮而撤除，我想孩子內心一定很失落吧！

當家長一味抱怨自己孩子是「可憐蟲」，無法獲選參與個人競賽項目時，是否曾想過，自己有多久沒陪孩子跑步、跳繩、打球，鍛鍊他的體能。

我們應讓孩子正視自己的缺點，找到優點，而不該硬要安插一個「特別」位置給孩子，更何況團體競賽的榮譽也很重要呀！我們要教孩子學習適應環境，而不是自以為是的插手改變環境來適應他。

 品格 E.Z. go ⁘

1.（　）運動會前有家長在學校網站的留言版上，向校長抗議什麼事是不公平的？

　　❶ 運動會時間太長

　　❷ 運動會時，長得較瘦小的孩子無法入選參賽

　　❸ 運動會的項目不夠多

　　❹ 運動會的裁判不公

2.（　）本篇文章的作者認為什麼是比去抱怨自己孩子是可憐蟲來得重要？

　　❶ 家長多陪自己小孩跑步、跳繩等等，鍛鍊他的體能

　　❷ 為保護兒童串聯其他家長向學校抗議

　　❸ 舉辦不同程度的體育競賽

　　❹ 拜託老師讓自己小孩參加比賽

3.(　　)本文作者認為下列哪一項是比要為長得較瘦小的小孩安排一個「特別」的環境來得更重要？

　　❶哭訴自己是個可憐蟲，讓自己參加運動競賽

　　❷請爸媽帶自己運動

　　❸讓長得較瘦小的小孩能正視自己的缺點，並找到優點

　　❹取消運動會的各項競賽

4.(　　)面對學校裡的各種競賽，並不是每個人都適合參加，應該建立怎樣的觀點較適合？

　　❶讓每個人都參加

　　❷請爸媽一起參加

　　❸每個人都能正視自己的缺點，找到優點

　　❹取消校園內的各項競賽

5.(　　)對於有身心障礙的小朋友，運動會可以怎麼設計，會讓大家覺得更公平？

　　❶只要參加，人人有獎

　　❷可以舉辦身心障礙者的運動會，讓他們也有大展身手的機會

　　❸既然有意見就不要辦運動會

　　❹讓身心障礙的小朋友當啦啦隊就好了

豹博士講座

 結尾絕招——結論法（總結法）

　　小朋友，在文章結束的時候，綜合全篇文章的意思，歸納出結論，或點出全文的主旨，作有力的總結。比如，在上面「運動會風波」一文的結尾中，即點出作者主要表達的核心想法……，「正視自己的缺點，找到優點，教孩子適應環境，而不是要環境來適應每個人」，這樣子的寫法就是結論法。

　　最常見的結論法，常有「總之」、「由以上幾點看來」、「由此可見」、「所以」等字詞作為結論法的開始。

 「結論法」公開秀

　　現在由我——豹博士再多舉一些例子，讓你更加了解結論法的使用。

例一　題目：我最喜歡的電視節目

　　總之，看「哆啦A夢」這個節目，不但可以讓人捧腹大笑，也可以讓人生活中有更多的想像空間，更可以對未來的科學有所期待，令我百看不厭。

　　豹博士說明：在文章最後，作者總結自己最喜歡「哆啦A夢」這個節目的主要原因，再次有力的強調，可以讓讀者更清楚明白文章的主旨，這就是結論法。

例二 題目：翻滾男孩觀後感

看完這部影片，我終於了解到學習是要付出代價，才能享受甜美的果實。我們做人更要腳踏實地，不能投機取巧，惟有認真學習，不怕辛苦、不怕失敗，成功就會等著我們。

豹博士說明：本題目的主旨是個人的觀後感，因此，作者總結自己的感想——學習是要付出代價，才能享受甜美的果實。這樣簡明扼要的寫法就是很好的結論法。

結尾方法大挑戰（一）～結論法

小朋友，現在就讓豹博士來引導你學會「結論法」的使用吧！

一、結論法疊疊樂

請你將下面句子中，寫法是屬於結論法的格子塗上顏色。

校外教學

由此可見，校外教學不但可以讓我們增廣見聞，更可以促進身心健康。

我的第一次

這是我第一次凌晨起床替王建民加油，整個心隨著緊張的賽況而七上八下，令人印象深刻。

開學了

開學了，我也要收起假期玩樂的心，好好努力用功讀書，去迎接與挑戰新的學習。

一則寓言故事的啟示

「守株待兔」這則寓言告訴我們，若是空想太多了，反而誤事。不如腳踏實地去做，才有成功的希望。

誠實

誠實，像一座支撐人與人的橋樑，一旦說謊，這座橋樑便會慢慢被謊言侵蝕。

二、請你以「總之」或「所以」為結尾的開頭，以前面所閱讀的文章——
　　〈運動會風波〉的結尾為內容，仿寫結論法。

主題	運動會風波

　　　總之（所以）　　　　　　，「　　　　　　　　　　　　　　　

_____

_____　。」

三、請你以下面的主題，利用「結論法」寫出這篇文章的結尾，加油！

主題	面對失敗的勇氣

文章開頭

　　失敗是什麼？失敗可能像一個無底的深淵，讓人跌入後一蹶不振；但勇氣卻像是一隻強而有力的手，可以將我們從黑洞中拉出來。人必須要有面對失敗的勇氣，才能隨時面對未來的挑戰，獲得成功。

第二段

　　人為什麼要有面對失敗的勇氣？⋯⋯

第三段

　　俗話說：「失敗為成功之母。」許多重要的發明都是經過失敗這一關才能開出美麗的花朵。例如愛迪生為了發明電燈⋯⋯

結尾～結論法

_____

_____

_____

_____

_____

_____

 # 結尾方法大挑戰（二）～結論法

小朋友，下面四張插圖的內容是和「公平的運動會」有關，請你也仿照上面的結論法，先為整個內容定一題目，再為下面的插畫補上一個結尾，讓整個故事有一個完整的內容。

題目	

_____

_____

_____

_____

_____

_____

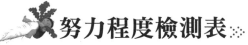

努力程度檢測表 ⋰

請為自己的認真程度塗上顏色，塗得越多代表越努力。

修辭補給站 ⋰

小朋友，在「運動會風波」一文中，也有用到「借代」的修辭方法，請你將這句找出來，並將句子寫在下面。

修辭達人練功坊

小朋友，下面每個句子都有它的修辭，若使用的修辭是正確的，請你在
（　　）中打○，不正確的請打 ×，並將它改為正確的修辭法。

1.（　　）「野草的種子會飛、會游泳，還會坐火車、搭飛機，到處散布，是植
物世界裡的旅行家。」──層遞 ⇨（　　　　　）

2.（　　）寒冷的冬天裡，到處都是蕭條的樹木，枯萎的花草，瘦弱的小動
物，一切了無生氣。──映襯 ⇨（　　　　　）

3.（　　）建築房屋，必須有強固的地基；地基不強固，就不能砌成堅硬的牆
壁；牆壁不堅硬，怎能蓋成漂亮的樓房呢？──頂真 ⇨（　　　　）

4.（　　）富商看到「西洋鏡」被拆穿了，覺得羞愧難當，無地自容。
──轉化 ⇨（　　　　）

5.（　　）有人懂得力爭上游，以不辜負期許；有人卻喪失了自主的能力，只
一味喜歡在庇蔭下生活。──映襯 ⇨（　　　　）

6.（　　）蝴蝶和蜜蜂帶著花朵的蜜糖回家了，羊隊和牛群告別了田野回家
了，火紅的太陽也滾著火輪子回家了。──排比 ⇨（　　　　）

解答篇

❖ 品格 E.Z. go：1. ❷　　2. ❶　　3. ❸　　4. ❸　　5. ❷

❖ 結尾方法大挑戰（一）～結論法

一、結論法疊疊樂

> **校外教學**
>
> 　　由此可見，校外教學不但可以讓我們增廣見聞，更可以促進身心健康。

> **我的第一次**
>
> 　　這是我第一次凌晨起床替王建民加油，整個心隨著緊張的賽況而七上八下，令人印象深刻。

> **開學了**
>
> 　　開學了，我也要收起假期玩樂的心，好好努力用功讀書，去迎接與挑戰新的學習。

> **一則寓言故事的啟示**
>
> 　　「守株待兔」這則寓言告訴我們，若是空想太多了，反而誤事。不如腳踏實地去做，才有成功的希望。

> **誠實**
>
> 　　誠實，像一座支撐人與人的橋樑，一旦說謊，這座橋樑便會慢慢被謊言侵蝕。

二、主題：運動會風波（參考答案）

　　總之，「應該讓孩子正視自己的缺點，找出自身的優點，並要讓孩子適應環境，而不是硬讓孩子做自己不擅長的事，才是正確的方法。」

三、主題：面對失敗的勇氣（參考答案）

結尾～結論法

　　所以，我們要有面對挫折的勇氣，從失敗中學習經驗，這樣就有成功的機會。失敗只是一時的，並不是一輩子的，只要不放棄，便能有美好的未來。

❖ **結尾方法大挑戰（二）～結論法**

題目：努力與收穫

　　總之，「天生我才必有所用」，每個人都有他自己的長處，只要找到自己的優點，發揮自己的長處，就能獲得肯定，自己存在就有意義。

❖ **修辭補給站**

這些「可憐蟲」，只能年年當啦啦隊……。

❖ **修辭達人練功坊**

1.○　　2.×（排比）　　3.○　　4.×（排比）　　5.○

6.×（轉化）

信賴

我是＿＿年＿＿班　作文小高手＿＿＿＿＿＿

 約定之戒

文章來源：國語日報／ 96.1.22 星期一／第 10 版　兒童園地

◆馮昱屏　台北縣埔墘國小五年十八班

　　「一、二、三，換邊！」上舞蹈課了，老師站在前面，皺著眉頭看我們跳舞。我望著那放在一旁的「約定之戒」，心想，我絕對不能讓老師失望！直到我們這一組練完舞走下台，我拿著戒指，不禁走進回憶裡……

　　那只戒指是四年級下學期期末，老師送給我們一人一只的約定戒指。因為五年級上學期，我們就要參加全縣的舞蹈比賽。老師說：「如果想要得名，每個人都必須努力練習。」所以老師送給我們一人一只戒指，和我們約定，在舞蹈比賽以前的每一天，大家都必須努力準備。記得那時候，老師請大家走到他的面前，為每個人一一戴上戒指，老師當時堅定的眼神和笑容，我永遠忘不了。

　　每當我看見那只戒指，就會想起和老師之間的約定，趕快練習跳舞。我們跳的桃花源記有強烈的對比，三個很「硬」的漁夫和桃花村中的柔、美，那種對比很有特色。尤其是桃花林出現的時候，要表達的情感是深刻、動人的，我剛好也跳那一段，每個細節都不能漏掉。

　　有時候，我戴著戒指出門，別人看見我手中的戒指，總會大叫：「哇！好漂亮的戒指啊！你在那兒買的呀？多少錢？」

（下頁續）

> 　　這時候，我會神氣的回答：「這是學校舞蹈老師送給我的嘛！是無價之寶呢！」
>
> 　　這只戒指就像一盞明燈，給我愛和溫柔的呵護，指引我前方的道路。我相信這不只是約定之戒了，而是充滿愛的魔戒——一只能讓我快樂的魔戒。

品格 E.Z. go ∵

1.(　　) 本文內容與下列哪一個品格最相近？

　　❶誠實　　　　　❷信賴　　　　　❸關懷

　　❹尊重　　　　　❺公平正義　　　❻責任

2.(　　)「約定之戒」是和誰約定？

　　❶爸爸　　　　❷媽媽　　　　❸老師　　　　❹爺爺

3.(　　)「約定之戒」約定的是什麼事？

　　❶準時交作業

　　❷舞蹈比賽以前，大家必須努力準備

　　❸每天準時聽音樂

　　❹吃飯要安靜

4.(　　) 老師送給學生這只戒指，希望學生是什麼樣的心態？

　　❶驕傲　　　　　　　　❷能記住老師對他的好

　　❸能記起和老師的約定　❹神氣

5.(　　) 為什麼作者說：「這不只是約定之戒了，而是充滿愛的魔戒」？

　　❶因為是老師送的無價之寶

　　❷努力準備跳舞，所得來的

　　❸這只戒指曾被祝福

　　❹這只戒指像一盞明燈，給作者愛和溫柔的呵護

豹博士講座 ❗

 ## 結尾絕招——呼應法 ⋯

　　小朋友，當我們在寫文章結尾的時候，如果能和開頭「你來我往」一番，就像是山谷裡的回音一樣相呼應，如此一來，能夠讓主題深刻清楚。這樣的文章，會讓人感覺好東西「口齒留香」喔！例如本篇「約定之戒」中，開頭練舞時看到這只戒指，心想絕對不能讓老師失望；結尾呼應開頭的戒指，它「就像一盞明燈，給我愛和溫柔的呵護，指引我前方的道路」。

 ## 「呼應法」公開秀 ⋯

例一	題目：畢業情

【開頭】 南風輕輕吹來，校園裡的鳳凰花微微點點頭，開啟我的記憶寶盒，六年點滴就像影像一樣，在腦中上演。

【結尾】 火紅的鳳凰花，像是美麗蝴蝶飛舞般，舞出六年甜蜜的回憶，雖然是離別的感傷……。

　　豹博士說明：文章結尾呼應開頭鳳凰花帶出的記憶寶盒，接續著這樣的情緒。這就是呼應法。

例二　題目：我最感謝的人

【開頭】每天早出晚歸，當我起床的時候，他已經出門了；當我睡著的時候，他才回來。我最想感謝的人，就是忙碌的爸爸。

【結尾】爸爸！謝謝你這麼認真的工作，每天這麼忙碌，就是為了讓我們有好的讀書環境。……

　　豹博士說明：在結尾時呼應前段忙碌的父親，並且將感謝的部分強化出來。點出全文主旨，這就是呼應法。

例三　題目：風的信息

【開頭】風，像是長不大的孩子。時而蹦蹦跳跳的嘻笑著，時而怒氣衝天吵鬧著，變換脾氣的速度，任誰也拿他沒辦法。

【結尾】美麗的風，牽引著大地的生氣。吹在樹上，繞著小溪，撫摸著小花，它依著自己的步調，……。

　　豹博士說明：在結尾呼應開頭風像是長不大的孩子，結尾牽引著大地的生氣點出全文主旨，這就是呼應法。

結尾方法大挑戰（一）～呼應法

一、小朋友，一起來玩玩看：當你一想到【 　 】，就想到【 　 】。

遊戲條件：【 　 】內的短語，必須要有形容詞來修飾喔！

1. 一想到【黃色的香蕉】，我就想到【活蹦亂跳的猴子】。

　一想到【活蹦亂跳的猴子】，我就想到【孫悟空的花果山】。

　一想到【　　　　　　　】，我就想到【　　　　　　　】。

　一想到【　　　　　　　】，我就想到【　　　　　　　】。

　一想到【　　　　　　　】，我就想到【　　　　　　　】。

2. 請把第一題中一開始想到的【黃色的香蕉】，當作開頭。將前面所想到的事物組合起來。並且把你最後想到的【　　　　　】，當作結尾。試著編一篇趣味故事吧！

主題	_____

二、SOS 拯救原文

小朋友，小敏不小心將文章剪下後弄亂順序了，請你幫忙她依照 1、2、3、4 排出完整文章。文章的開頭是「原因法」，而結尾是「呼應法」，內容敘述阿公對孫子愛的表現。

題目：守護神阿公

文章來源：國語日報／95.9.9 星期四／第 7 版　兒童園地

◆王鐘霈　雲林縣南陽國小四年甲班

當了一輩子軍人的阿公，現在漸漸老了，不過他還是繼續保護著我和家人。不管我在哪裡，有多調皮，多不乖，阿公總是用最好的心情來對待我。等我長大以後，我也想像阿公一樣，當個偉大的軍人，學阿公保護全家人。	有愛我的阿公，我很幸福！有人欺負我，阿公會立刻為我解危。阿公！你真是一個厲害的軍人，更是我永遠的守護神。阿公！謝謝你。
小時候，阿公常常帶我到北港的運動公園玩，我當時就像一隻調皮搗蛋的小猴子，一直亂跑、亂跳，完全不聽阿公的叫喚，只知道一直跑、一直跑。	有一次我又到處亂跑，忽然有一隻大黑狗對著我吠，嚇得我痛哭失聲。守護在我身旁的阿公看到了，立刻撿起一顆石頭，向大黑狗丟過去。這時候的阿公就像一個見義勇為的武功高手，把大黑狗嚇得夾著尾巴逃跑了。

結尾方法大挑戰（二）～呼應法

下面的圖畫代表一件完整的事件，請你在看完後，以「呼應法」的方法為下面的圖畫寫出一個與信賴有關而且富有創意的結尾。

主題

_____

_____

_____

_____

努力程度檢測表

請為自己的認真程度塗上顏色，塗得越多代表越努力。

修辭補給站

✿ 小朋友，請從「約定之戒」一文中，找出修辭，並將它寫在下面。

_____

_____

_____

_____

信賴隨身聽

　　小朋友，在《史記‧商君傳》中，有一則「徙木立信」的故事。

　　秦國商鞅很受秦孝公的重用，實行了兩次變法，讓秦國強盛起來，為了以後統一六國來打好基礎。剛開始推行變法時，商鞅怕百姓不信新的法律，於是便想出「徙木立信」的策略。他把一根三丈高的木頭豎立在南門前，然後張貼公告懸賞：如果有人能把這根木頭搬到北門，就賞十金，百姓只是覺得很奇怪，但是沒有人敢嘗試。於是，商鞅又下令把賞銀加到五十金，後來真的有人把木頭從南門搬到北門去，商鞅也履行諾言，把五十金賞給這個人。這件事一傳十，十傳百，很快就傳遍了整個秦國。老百姓知道商鞅說到做到，都不敢懷疑他頒布的新法令，商鞅變法也得以順利推行。

　　從這篇故事中，你能感受到「說到做到」，被人信賴的重要性嗎？

解答篇

❖ 品格 E.Z. go：1. ❷　　2. ❸　　3. ❷　　4. ❸　　5. ❹

❖ 結尾方法大挑戰（一）～呼應法

一、一起來玩玩看

1. 一想到【孫悟空的花果山】，我就想到【滿滿的水果】。

一想到【滿滿的水果】，我就想到【熱帶南洋風情】。

一想到【熱帶南洋風情】，我就想到【 美麗的比基尼女郎 】。

2. 主題：香蕉聯想話

　　每當妹妹吃起黃色熟透的香蕉，就會學起活蹦亂跳的猴子，一會學猴子抓癢，一會學孫悟空在花果山當山霸王的情景。花果山中滿山滿谷的水果，只見猴子們悠悠哉哉的吃著水果、曬著太陽，好不快活。儼然身處於熱帶南洋地區，穿梭在藍天、淡海、微風及沙灘。樂在沙灘上做日光浴的比基尼女郎，也悠閒的吃起熱帶水果，享受甜美熟透的滋味。

二、SOS 拯救原文

❸	❹
❶	❷

❖ **結尾方法大挑戰（二）～呼應法**

主題：約定

　　小李就在小張送醫的幾分鐘後，來到相約的路口。沒有見著小張，只留下一群群圍觀的民眾，讓小李的心更加緊張。在路人的指點下，小李隨即趕往醫院，見到小張平安總算才鬆了口氣。

❖ **修辭補給站**

映襯法：

　　三個很「硬」的漁夫和桃花村中的柔、美，那種對比很有特色。尤其是桃花林出現的時候，要表達的情感是深刻、動人的。

關懷

我是＿＿年＿＿班　作文小高手＿＿＿＿＿＿

愛心奶瓶

文章來源：國語日報／95.3.1 星期三／第 10 版　兒童園地

◆錢秉懿　高雄市獅湖國小六年三班

　　很早以前，我們一家就很想幫助山區貧童，但是一直沒有行動；現在，我們想以一個大奶瓶存錢筒作為起頭，實現我們的願望。

　　奶瓶，是很多孩子成長都會用到的物品，是一個很好的象徵。我們把寫上經節的福音卡片和一個一塊錢放在奶瓶裡當墊底，表示支持。剛好，媽媽對發票的時候，中了兩百元。媽媽把它放入奶瓶，我和妹妹也把每個月做家事「賺」來的錢，取一百元放入奶瓶，希望夢想早日實現。

　　有句話說：「人要知福、惜福、再造福。」剛好符合這項活動主題。今天，我們能豐衣足食，應該感謝為我們辛苦付出的人，並且學習珍惜。有些人無法享受這些良好的條件，我們更應該幫助他們。希望家扶中心的工作人員，或是國語日報「送報到山巔」的活動，能幫助我們實現夢想。也希望大家能奉獻愛心，讓愛傳遍世界的每個角落。

品格 E. Z. go

1.(　)本文內容與下列哪一個品格最相近？

　　❶ 誠實　　　　　❷ 尊重　　　　　❸ 責任

　　❹ 關懷　　　　　❺ 公平正義　　　❻ 信賴

2.(　)作者全家人決定用什麼方式作為幫助貧童的起頭？

　　❶ 爸爸中樂透　　　　　　　❷ 媽媽不想下廚

　　❸ 爸爸職務升遷　　　　　　❹ 一個大奶瓶存錢筒

3.(　)幫助山區貧童的作法是符合下列哪一句話？

　　❶ 知福　　　❷ 惜福　　　❸ 再造福　　　❹ 幸福

4.(　)幫助弱勢團體的方法很多，你認為哪一項可以做到？

　　❶ 捐發票　　　❷ 當志工　　　❸ 資源回收　　　❹ 以上皆是

5.(　)作者的夢想是什麼？

　　❶ 賺大錢　　　　　　　❷ 幫助山區貧童

　　❸ 成為名人　　　　　　❹ 發票中頭獎

6.(　)感謝為我們辛苦付出的人，我應該如何做？

　　❶ 常請他吃飯　　　　　　❷ 生日時買禮物送他

　　❸ 感恩並時常關懷奉獻愛心　❹ 節日時致贈禮金

豹博士講座！

結尾絕招──引用法

同學們，每一篇文章在結尾時，都希望能有個漂亮、印象深刻的結束，如何引經據典？如何說的鏗鏘有力？如何證明言之有理？當然借助與主題相關且具有說服力、人人熟悉、易於理解、接受的成語、格言、典故或古今中外名人的嘉言，來凸顯文章中心，深化主題，能讓文章更具說服力，這就是文章結尾的「引用法」。例如上述文章的結尾：「有句話說：『人要知福、惜福、再造福』剛好符合這項活動的主題。」

「引用法」公開秀

例一　題目：用愛種福田

俗話說「施比受更有福」。每個人心中都有一畝田，只是許多人未曾用心耕耘，也就無法收穫。適時去關懷周遭的人，讓心中的關愛幼苗在「福田」中成長茁壯，相信這樣的人生更有意義；人間的不公平也會因為愛有了平衡的機會。

豹博士說明：引用俗話深化主題也使讀者觸動內心感受，更增強文章的說服力。

例二　題目：拓展愛的力量

「讓愛傳出去，相信愛是無遠弗屆，是有感染力的。」中研院院士劉炯朗的創意愛心，不但讓弱勢民眾感受到一群人的愛心溫情，也讓學生用愛心與行善承諾，希望「每個人的小愛心，都能像滾雪球般越滾越大」，讓社會凝聚一股愛的力量。

豹博士說明：藉助名人話語或事蹟，加深文章的說服力。

結尾方法大挑戰（一）～引用法

一、判斷文章結尾用法，符合「引用法」者請在括弧中打「✓」。

❶【 　　　　】

轉變

　　現在我更能懂得珍惜自己擁有的一切，也能盡力做好份內的事情，認真讀書，不讓父母為我擔憂。

❷【 　　　　】

憤怒

　　真正憤怒過的人才明白孔子所說的「隨心所欲不踰矩」有多麼難！父母也常教誨我面對任何事情要「平心靜氣」，都是為了達到情緒能收放自如的修行境界，但這個過程絕非「有志者事竟成」這般容易，這條漫長路真的難於上青天，我必須慢慢學習。

❸【 　　　　】

手工小書愛滿滿

　　沒想到，這本小書竟然可以結合感恩、文學和繪畫。完成之後，我迫不及待想要把愛心小書送給想要感謝的人，希望她把愛心小書放在床頭邊，一起床看見小書，就可以展開愉快、幸運的一天。

❹【 　　　　】

美

　　「天上最美是星星，人間最美是溫情」，幫助社會中貧窮弱勢的人，是世界上最美麗的事，也是人間溫情的最佳表現，願每人心中有愛，充滿喜樂。

二、小朋友，請你判斷下面主題，將適合的人生小語填入括弧裡，作為這篇
　　文章有力的結尾。

❶

> ### 勇氣
> 　　不要小看自己，因為人有無限的可能，這句話使我更有勇氣，我會好
> 好充實自己，不因小小的挫折就心灰意冷。俗話說：「＿＿＿＿＿＿＿
> ＿＿＿」，別人可以看輕我，但我不可以放棄自己，這樣才有成功的一天。

❷

> ### 孝順
> 　　人生首要之事莫過於盡孝。所謂「＿＿＿＿＿＿＿＿＿＿＿＿＿＿＿
> ＿＿＿＿＿」，所以行孝應該要及時，一旦錯過機會，將會是終身的遺憾！

❸

> ### 耕耘
> 　　「＿＿＿＿＿＿＿＿＿＿＿＿＿＿＿＿＿＿＿＿」。優異的成就，是來自於
> 努力的耕耘。當別人有優秀的表現時，應該不吝給予最高的喝采與掌聲！

結尾方法大挑戰（二）～引用法

小朋友，在我們的生活周遭有許多被我們無意中忽略或漠視的人、事、物，需要我們多一些關心與關懷，請你依下面的圖畫以「引用法」的方法為下面的圖畫寫下一段與關懷有關而且富有創意的結尾，呼籲大家多關注我們這個地球的每一件事，相信你那感人與具說服力的短文，一定能使讀者有深刻感受哦！

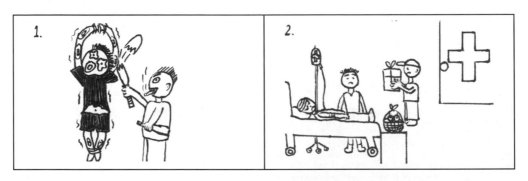

主題 ＿＿＿＿＿＿＿＿＿＿＿＿＿＿＿

＿＿＿＿＿＿＿＿＿＿＿＿＿＿＿＿＿＿＿＿＿＿＿＿＿＿＿＿＿＿＿＿＿

＿＿＿＿＿＿＿＿＿＿＿＿＿＿＿＿＿＿＿＿＿＿＿＿＿＿＿＿＿＿＿＿＿

＿＿＿＿＿＿＿＿＿＿＿＿＿＿＿＿＿＿＿＿＿＿＿＿＿＿＿＿＿＿＿＿＿

＿＿＿＿＿＿＿＿＿＿＿＿＿＿＿＿＿＿＿＿＿＿＿＿＿＿＿＿＿＿＿＿＿

主題 _____

_____
_____
_____
_____

努力程度檢測表

請為自己的認真程度塗上顏色，塗得越多代表越努力。

修辭補給站

小朋友，我們學過層遞、排比、頂真、借代、轉化和映襯修辭法，「愛心奶瓶」一文中有我們熟悉的修辭，你是否看到了？請將它分類寫出來。

_____
_____
_____
_____

 # 修辭達人練功坊

🌸聰明的小高手，請判斷下列句子，回答各類型的問題，挑戰一下自己的功力哦！

1. 借代：

不論是白領還是藍領，他們對社會都作出重大的貢獻。

白領借代指＿＿＿＿＿＿＿＿＿。藍領借代指＿＿＿＿＿＿＿＿＿。

2. 層遞：

大河源自於小溪，小溪源自於高山。（作一句層遞句：火箭、渡海小輪、步行、跑車）＿＿＿＿＿＿＿＿＿＿＿＿＿＿＿

3. 排比：

那座新落成的大廈，不像＿＿＿＿，不像＿＿＿＿，不像＿＿＿＿，而像＿＿＿＿。

4. 映襯：

廣大→渺小　　與廣大無邊的宇宙比較，人類是多麼渺小啊！

暴躁→溫和　＿＿＿＿＿＿＿＿＿＿＿＿＿＿＿

5. 頂真：

誰拍誰，誰都得像誰。它抓得住我。（自己仿寫一句頂真法。）

＿＿＿＿＿＿＿＿＿＿＿＿＿＿＿＿＿＿

6. 轉化：

老師→老師這本百科全書，能解決我學習上的疑難雜症。

破汽車→＿＿＿＿＿＿＿＿＿＿＿＿＿＿＿

解答篇

❖ 品格 E.Z. go：1.❹　　2.❹　　3.❸　　4.❹　　5.❷　　6.❸

❖ 結尾方法大挑戰（一）～引用法

一、❷【✓】　　❹【✓】

二、❶失敗為成功之母　　❷樹欲靜而風不止，子欲養而親不待

　　❸一分耕耘一分收穫

❖ 結尾方法大挑戰（二）～引用法

主題：關懷受虐兒

　　「兒童是國家未來的主人翁，也是國家的希望」，今日我們付出愛心與關懷，伸出我們的援手幫助受虐兒走出陰霾，使他們能在愛心的滋潤下成長，齊心共創未來主人翁無陰影的成長環境，並為國家社會盡一份心力。

主題：解救地球

　　「生態永保育，青山綠水流」，做好環保工作是每個人應有的體認，我們應該好好愛惜資源，嚴禁濫墾、濫伐，從日常生活做起，全民動手做環保，共享清新的資源，才能擁有生生不息的地球。

❖ 修辭補給站

層遞──人要知福、惜福、再造福

❖ **修辭達人練功坊**

1. **借代**：白領──<u>上班族</u>　藍領──<u>工人</u>

2. **層遞**：人類交通工具的發展日新月異，<u>路上由步行發展至跑車，水上由獨木舟發展至渡海小輪，天上更發展至火箭升空</u>。

3. **排比**：那座新落成的大廈，<u>不像教堂</u>，<u>不像學校</u>，<u>不像商店</u> ，<u>而像工廠</u>。

4. **映襯**：爸爸的脾氣<u>有時像暴躁的獅子，有時又像溫和的小綿羊</u>。

5. **頂真**：<u>我為人人，人人為我</u>。

6. **轉化**：<u>這部破汽車就像老爺爺一般，怎麼也開不快</u>。

尊重

我是＿＿＿年＿＿＿班　作文小高手＿＿＿＿＿＿

聽的學問

國語日報／96.6.7 星期五／第 4 版　青春

◆林容萱　台北市北一女中三年真班

當我們安靜的閉上眼睛，是否覺得周遭一切都熱鬧了起來？

一直以來，我們都虧待了耳朵，因為它總是靜靜的在一旁等著，等到我們放下所有的負擔，才發覺「聽」的美好。

記得在那個酷寒的冬天，我為了追逐流星而上了大雪山。山路的兩旁一片死寂，等到走進森林，靜立著，煩躁的心漸漸被寒風冷凍。「唧唧——啾啾——」不久，鳥鳴聲傳入耳中，沒想到，在這樣惡劣的環境竟然還有許多不知名的鳥正高聲唱著「冬季戀歌」，當下，一股暖流注入心頭。原來，聽是如此的美好，為什麼我從來不曾注意過？

升上國中，我有更多機會作分組報告。我發現，大多數的爭執都是因為不夠了解對方的陳述而起。我們在聆聽的同時，往往有一半的心都在思考：待會兒我要怎麼反駁，而沒有全神貫注聽他人的說法，結果往往是雞同鴨講，浪費時間。

記得電影「臥虎藏龍」中有一句話：「當你把手握緊，裡面什麼都沒有；把手放開，你擁有一切。」聆聽，不也是這樣嗎？當你拋開成見，你會擁有更豐富的人生。如果古代皇帝能夠傾聽大臣的建言，在通盤了解後做出明智的決定，歷史上會有這麼多悲劇產生嗎？如果父母和孩子都能夠坐下來，傾聽對方的想法，社會上會有這麼多親子問題嗎？現在的大企業很注重「溝通」能力，然而溝通的關鍵，在於百

（下頁續）

分之百的專注傾聽。很多人以為自己很懂得聆聽，其實不然。如果你能夠在聽完對方陳述後，用簡短的話歸結重點，並且讓對方認可，這才是真正「聽」了進去，這樣的溝通也才會順暢。

「聽」在民主實踐也是很重要的。最近歐美流行「審議式民主」，希望藉由這種方法讓更多人參與公共政策。因為完全聽懂各方意見，才能做有結果的討論。

或許在這嘈雜的環境，我們無法聽到各種聲音，但是閉上眼睛，你會聽到來自四面八方的各種聲音，正敲著你的心門。

 # 品格 E.Z. go ❀

1.(　) 本文內容與下列哪個品格最相近？
　　❶責任　　　　❷尊重　　　　❸誠實
　　❹信賴　　　　❺公平正義　　❻關懷

2.(　) 人往往在什麼時候才會發現「聽」的美好？
　　❶到山上旅遊　　　　　　❷看電視
　　❸聊天　　　　　　　　　❹放下所有的負擔

3.(　) 作者發現大多數的爭執都是因何而起？
　　❶沒有充足的發言時間　　❷不夠了解對方的陳述
　　❸交情不夠深厚　　　　　❹有人插嘴

4.(　) 作者認為溝通的關鍵為何？
　　❶百分之百的專注傾聽　　❷不插嘴
　　❸閉上眼睛
　　❹放一半的心思思考：待會兒要怎麼回答

5.(　) 何者屬於不好的聆聽態度？
　　❶拉長耳朵聽　❷洗耳恭聽　❸充耳不聞　❹視而不見

鳳博士講座

開頭絕招——設問法

「你累了嗎？」這是前陣子電視上提神飲料的廣告詞兒，簡單的一句問句，正好說出多數人的心聲，也引起多數人的注意，究竟葫蘆裡賣的是什麼藥？小朋友，你是否也曾經被別人的問句吸引住呢？在文章寫作時，我們也常以提出問題的方式來寫作，這種寫作方式就叫做「設問法」，如此可以讓讀者產生好奇心，引起讀者的注意力呢！像「聽的學問」這篇文章的開頭就是「設問法」。

若是利用「設問法」寫開頭第一段，我們可以自問自答，點出主旨，或是問而不答，答案隱藏在其他段落中，慢慢將題目的主旨引出來。

「設問法」公開秀

例一　題目：服務人群

為什麼要服務人群？服務人群有什麼好處？要如何服務人群呢？諸多疑問在我腦中浮現。

鳳博士說明：文章以關於服務人群的問題作開頭，引起讀者注意，也為接下來的段落發展鋪路，這是設問法的寫作方式。

例二　題目：日出

　　你可曾在清晨迎接太陽公公的微笑？你可曾看見彩霞妹妹的丰姿？你可知如何創造奇遇的機會？如果你不曾經歷、不曾親眼目睹，也不知如何創造機會，別難過！就讓我為各位介紹吧！

　　鳳博士說明：開頭用問句間接說明日出的美妙，引起讀者親眼目睹的慾望，這是設問法的特點。

例三　題目：挫折

　　你是否擁有挫折的經驗？你是否曾經遭遇失敗的痛苦？或者你已遺忘這些不好的經驗，不願再提起。

　　鳳博士說明：在開頭連續提出兩個問題，試著引導讀者進入挫折的經驗之中，引起讀者的共鳴，這就是設問法。

開頭方法大挑戰～設問法

小朋友，現在就讓鳳博士來引導你學會「設問法」的使用吧！

一、請仔細回想下列問題，並寫下你的回答。

1. 媽媽曾經為你做過哪些事情？請將當時的情形及媽媽的做法寫出來。

例：【生病】的時候，媽媽【不眠不休的照顧我】。

【　　　】的時候，媽媽【　　　　　　　　】。

【　　　】的時候，媽媽【　　　　　　　　】。

2. 請將上面的句子改成問句，依序接著寫，這就成了文章的第一段囉！

主題	我的母親

　　是誰在我生病的時候，不眠不休的照顧我？是誰在我【　　　　】的時候，【　　　　　　　】？是誰在我【　　　　】的時候，【　　　　　　　】？是她──我的母親。

二、請用「設問法」，寫一篇「我的母校」的開頭。

主題	我的母校

_____

_____

_____

_____

豹博士講座

結尾絕招——呼應法

在文章結束的時候，能和第一段文意相呼應，也就是將文章開頭提出的主張，在結尾進行回應，使文章前後連貫，這就是「呼應法」，又可稱作「前後呼應法」、「應起法」。像「聽的學問」這篇文章的結尾就是「呼應法」。

使用「呼應法」的文章，能使讀者加深印象，能讓文章主題更鮮明。

「呼應法」公開秀

範例	題目：下廚記

開頭：「玉婷！媽媽身體不舒服，妳來幫忙準備晚餐好嗎？」為了減輕媽媽的負擔，於是答應了，我的第一次就是這樣開始的。

結尾：從那次以後，我便常常和媽媽一起準備晚餐，雖然下廚很累，但只要想到可以減輕媽媽的負擔，就覺得非常值得，因此我很喜歡和媽媽一起下廚。

　　豹博士說明：結尾呼應開頭所說，下廚是為了減輕媽媽的負擔，這是「呼應法」。

 結尾方法大挑戰～呼應法

一、澤澤希望用「呼應法」寫作文的結尾，請為澤澤選出文章正確的發展方向，並塗上顏色。

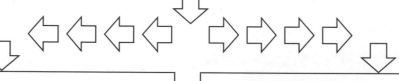

園遊會

> 園遊會是我們最期待的活動，雖然只有短短的半天，不過，我們卻在這個活動中吸收不少知識與經驗。

這次的園遊會讓我獲益良多，不但體驗了許多新奇有趣的遊戲，還讓我體會到「團結力量大」與「天下沒有白吃的午餐」的道理。

熱鬧的園遊會結束了，留下了一大堆大家吃喝玩樂後的垃圾。希望明年的園遊會結束時，不再出現這樣的情形。

二、小朋友，現在換你練習使用「呼應法」寫結尾囉！

❶ 主題 春天來了

開頭：寒冷的冬天過去了，溫暖的春天來臨了，蝴蝶翩翩起舞，鳥兒高聲鳴唱，歡迎春天姊姊的蒞臨。

結尾：

春天來臨了，＿＿＿＿＿＿＿＿＿＿＿＿＿＿＿＿＿

＿＿＿＿＿＿＿＿＿＿＿＿＿＿＿＿＿＿＿＿＿＿＿＿

＿＿＿＿＿＿＿＿＿＿＿＿＿＿＿＿＿＿＿＿＿＿＿＿

＿＿＿＿＿＿＿＿＿＿＿＿＿＿＿＿＿＿＿＿＿＿＿＿

＿＿＿＿＿＿＿＿＿＿＿＿＿＿＿＿＿＿＿＿＿＿＿＿

＿＿＿＿＿＿＿＿＿＿＿＿＿＿＿＿＿＿＿＿＿＿＿＿

❷ 主題 我最害怕的事

開頭：從有記憶以來一直到現在，我最害怕的事就是上台發表。

結尾：

＿＿＿＿＿＿＿＿＿＿＿＿＿＿＿＿＿＿＿＿＿＿＿＿

＿＿＿＿＿＿＿＿＿＿＿＿＿＿＿＿＿＿＿＿＿＿＿＿

＿＿＿＿＿＿＿＿＿＿＿＿＿＿＿＿＿＿＿＿＿＿＿＿

＿＿＿＿＿＿＿＿＿＿＿＿＿＿＿＿＿＿＿＿＿＿＿＿

＿＿＿＿＿＿＿＿＿＿＿＿＿＿＿＿＿＿＿＿＿＿＿＿

開頭結尾方法大挑戰～設問法&呼應法

❀ 春、夏、秋、冬四個季節裡，你最喜歡哪個季節呢？請你仿照上面「聽的學問」的寫法，以「我最喜歡的季節」為題，運用「設問法」開頭，「呼應法」結尾，寫出一篇約 200 至 300 字左右的文章，加油！

主題	我最喜歡的季節

_____
_____
_____
_____
_____
_____
_____
_____
_____
_____

努力加油表

請為自己的認真程度，在右邊時速表中畫出指針位置，顯示出你的努力程度，並寫下時速。時速表越快，代表你越努力唷！

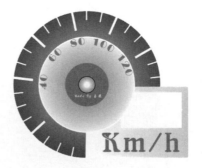

Km/h

修辭達人練功坊

請將正確的修辭連起來，並將該修辭的關鍵處用螢光筆標示出來。

例如：但願我能變得更強壯，有能力保護 家人 ，保衛 村民 ，保衛 國家 。

妹妹在媽媽面前是個尊重家法的乖孩子，在姊姊面前卻是個輕視家法的壞孩子。	頂真
未經主人的允許，不能擅自翻閱他人日記，不能擅自拆閱他人信件，不能擅自使用他人物品。	排比
專心聆聽便是尊重，尊重會使你受歡迎。	轉化
經過十年愛情長跑，他們終於要走向紅毯的那一端。	映襯
健明就這樣欺騙了我，欺騙了全班，欺騙了他身邊所有的人，帶著贓款逃到國外。	借代
自私的人把我放在樓梯間，使我成了讓住戶受傷的罪人。	層遞

 尊重隨身聽

外貌不同，就該被嘲笑嗎？

晏嬰是春秋時代齊國的宰相，他的個子矮小，但是口才很好，頭腦聰明，反應又特別快。

有一次，晏嬰奉命出使楚國，楚王聽說齊國的使臣是個矮子，就故意想辦法侮辱他。晏嬰一到宮門外便聽見：「你們晏宰相長得那麼矮，哪裡用得著開大門？開小門就夠了。」

晏嬰知道楚國人故意侮辱他，便不肯進去，說：「出使到狗國才走狗門。今天我是到楚國，不應該走這個門。」帶路的人才開大門讓他進去。

□ 小朋友，楚王因晏嬰矮小便污辱他，這樣的行為合適嗎？你是否曾因別人的外貌不同而嘲笑他人？人有高矮胖瘦，取笑別人外貌會使人的心靈受到嚴重傷害。面對不同外貌的人，應該抱著真誠接納和關懷的心，彼此尊重。

解答篇

❖ 品格 E.Z. go：1. ❷　　2. ❹　　3. ❷　　4. ❶　　5. ❸

❖ 開頭方法大挑戰～設問法

一、

1.【失敗】的時候，媽媽【鼓勵我不要放棄】。

【煩惱】的時候，媽媽【為我分憂解勞】。

2. 主題：我的母親

　　是誰在我生病的時候，不眠不休的照顧我？是誰在我【失敗】的時候，【鼓勵我不要放棄】？是誰在我【煩惱】的時候，【為我分憂解勞】？是她──我的母親。

二、主題：我的母校

　　你聽過同德國小嗎？你想知道同德國小的點滴嗎？想知道的話，請聽曾經就讀同德國小六年的我娓娓道來。

❖ 結尾方法大挑戰～呼應法

一、請選擇左邊

二、

1. 主題：春天來了

結尾：春天來臨了，春天喚醒大地所有的生命，她的降臨使處處充滿了溫馨及希望，引領著我們向前去。

2. 主題：我最害怕的事

結尾：如今，我依然沒有克服上台發表的恐懼感，縱使如此，相信有朝一日，我一定會克服它的。

❖ **開頭結尾方法大挑戰～設問法 & 呼應法**

主題：我最喜歡的季節

　　一年四季裡，你最喜歡哪一個季節呢？每個人都有自己喜歡的季節，而我最喜歡夏天。

　　夏天總是風和日麗，是適合全家出遊的好季節。走進山林，在陰涼的樹蔭下享受森林浴，這種享受比在家裡吹冷氣更舒適、清涼，這是其他季節裡無法感受到的；躺在綠草如茵的草地上，聽蟬兒鳴叫，看流水飛舞，優游在大自然中享受生活，好不愜意！

　　夏天是昆蟲活躍的季節。夏天的夜晚，靜靜的躺在床上，聆聽蟲兒與青蛙的演奏會，螢火蟲也提著燈籠，點綴會場，憑添熱鬧的氣氛，引領你進入甜美的夢鄉。

　　我最喜歡夏天了！夏天是個美好的季節，聆聽夏天的蟲鳴鳥叫，令人感到非常輕鬆愉快，真希望一年四季都是夏天。

❖ 修辭達人練功坊

妹妹在媽媽面前是個 尊重家法的乖孩子 ，在姐姐面前卻是個 輕視家法的壞孩子 。

未經主人的允許， 不能擅自翻閱他人日記 ， 不能擅自拆閱他人信件 ， 不能擅自使用他人物品 。

專心聆聽便是 尊重 ， 尊重 會使你受歡迎。

經過十年愛情長跑，他們終於要走向 紅毯的那一端 。

健明就這樣欺騙了 我 ，欺騙了 全班 ，欺騙了 他身邊所有的人 ，帶著贓款逃到國外。

自私的人把我放在樓梯間 ， 使我成了讓住戶受傷的罪人 。

頂真

排比

轉化

映襯

借代

層遞

責任

我是＿＿年＿＿班　作文小高手＿＿＿＿＿＿

假如世界顛倒了

文章來源：國語日報／94.12.8 星期三／第7版　兒童園地

◆張翊屏　新竹縣新湖國小三年十一班

　　在學校時，如果師生角色顛倒了，老師、主任、校長坐在座位上寫功課，學生在講台上教書、改作業；老師看到學生要敬禮；老師不乖的話，學生還可以叫老師去罰站呢！

　　家庭生活裡，如果大人、小孩顛倒過來，一定會變得很奇怪，媽媽在房間裡寫功課，爸爸在客廳玩電動，弟弟在公司上班，而我在廚房煮菜。這樣的家庭實在太奇怪了！

　　家門口的市集，如果大家角色顛倒了，一定會變得很糟糕，媽媽去買菜，反而變成老闆在揀菜；媽媽在看店，最後老闆還從口袋中掏出錢來給媽媽，讓媽媽將菜和錢帶回家。

　　顛倒的世界，想想很好玩，但如果是真的話，大家一定很錯亂。所以，每個人還是好好的扮演自己的角色，世界才能很有秩序。

品格 E.Z. go ❄

1.(　) 本文內容與下列哪一個品格最相近？

❶尊重　　　　　❷關懷　　　　　❸責任

❹誠實　　　　　❺公平正義　　　❻信賴

2.(　) 你從哪一句可以看出它具有這樣的品格？

❶如果大家角色顛倒了，一定會變得很糟糕

❷如果大人、小孩顛倒過來，一定會變得很奇怪

❸每個人還是好好的扮演自己的角色，世界才能很有秩序

3.(　) 下面哪一個場景不是作者想像的顛倒世界？

❶學校　　　　❷百貨公司　　　❸市場　　　　❹家裡

4.(　) 作者覺得世界如果「真的」顛倒了，世界會變得怎樣？

❶很有趣　　　　　　　　❷世界會變得錯亂

❸沒什麼變化　　　　　　❹大家仍然能夠有秩序地運作

5.(　) 你覺得下列哪一個標題不適合來替代本文的名稱呢？

❶世界大不同　　　　　　❷顛倒的世界

❸奇妙有趣的世界　　　　❹角色對換的世界

鳳博士講座

開頭絕招──假設法

小朋友，在文章的開頭，要是出現像「如果」、「假如」等字詞，這種使用假設的語氣，來帶出文章的主題，就叫做「假設法」。使用假設就表示文章的內容不是真的，所以文章內容會呈現與事實相反的情形。

「假設法」公開秀

例一　題目：假如世界顛倒了

在學校時，如果師生角色顛倒了，老師、主任、校長坐在座位上寫功課，學生在講台上教書、改作業；老師看到學生要敬禮；老師不乖的話，學生還可以叫老師去罰站呢！

鳳博士說明：作者一開始就假設學校的人物角色都做了變換，非常貼近主題──「假如世界顛倒了」。

例二　題目：愛

如果我們這一生只懂得追求個人的幸福，只懂得關心個人的前途，只懂得獲取自己的利益，對於別人的事情漠不關心。那麼，我們還沒有學會什麼是愛。

鳳博士說明：文章一開始便利用假設的語氣，將與事實相反的情形陳述出來，以強調出文章的主題「愛」。

例三 **題目：尊重**

　　假如這個社會不再互相尊重，而是到處充滿冷漠、暴力、謾罵的情形，那麼人與人之間也不再有信任，而社會便不再和睦、互助了！

　　鳳博士說明：使用與例二相同的手法。一開始便利用假設的語氣，將與事實相反的情形陳述出來，以強調出文章的主題。

 # 開頭方法大挑戰～假設法 ⋙

一、現在請你參考上面的例句，仿寫開頭方法～假設法。

主題 **自己選擇，自己負責**

　　請你以上面的題目，利用「假設法」寫出這篇文章的開頭，加油！

_____

_____

_____

_____

_____

　　鳳博士小叮嚀：可以假設自己如果都依賴別人選擇，事情都推卸責任，情況會變得怎樣，再論述出自己的選擇及負責是很重要的。

二、現在將通順的假設句子連接起來，並且為這些句子改寫成「假設法」的
　　開頭文章。

A. 如果沒有功課的壓力，

甲、我可以到各地去遊玩。

B. 如果沒有連日的細雨，

乙、我要重新規劃這美麗的
　　寒假。

C. 如果爸媽不用忙碌地加班，

丙、我就沒有作業的負荷，
　　可以做我想做的事情。

D. 如果寒假真的重新來過，

丁、他們就有很多時間陪伴
　　我。

主題	

豹博士講座

 ## 結尾絕招──感想法

 所謂的「感想法」，就是針對主題將自己內心的看法或感想抒發出來，但是這些想法仍扣緊題目的主旨。所以，感想是對任何事物有所感觸而抒發出來的個人想法喔！

「感想法」公開秀

例一　題目：假如世界顛倒了

　　顛倒的世界，想想很好玩，但如果是真的話，大家一定很錯亂。所以，每個人還是好好的扮演自己的角色，世界才能很有秩序。

　　豹博士說明：結尾作者提出自己對顛倒世界的看法，也點出文章的主旨──每個人要守自己的本分及責任。

例二　題目：為生命加分

　　我想，每一個人只要能打開心眼，用心仔細去觀察，用心去感受，你會發現生命其實很美好。因此，對於一切存在於生命的「意外」就會樂觀以對，並且積極讓潛能充分發揮，就能展現源源不絕的人生價值。

　　豹博士說明：同於例一的方式，作者對生命提出積極樂觀的看法，也點出文章的主旨──每個人要珍惜自己的生命。

例三　題目：父親

　　看到原本擁有厚實肩膀、擔負起全家支柱的父親，變得如此滄桑、衰弱，我的眼淚不禁落了下來。父親是多麼辛苦地養育我，以前的我怎會這麼不懂事，不能體會他對我的關懷、體貼。今後，我也要成為父親最堅強的支柱，讓他擁有依靠。

　　豹博士說明：透過作者觀看父親的身體變化，描繪出父親的辛苦，作者也深深感受到父親對子女的愛。

結尾方法大挑戰～感想法 ⸭⸭

小朋友，現在就讓豹博士來引導你學會「感想法」的使用吧！

一、小試身手～請你將下面結尾是「感想法」的內容塗上顏色。

主題 **父親**

　　父親雖然因為歲月的增長而頭髮斑白、身形衰弱，不似以前的身體健壯。但是，在我眼裡，他是我最厚實的支柱，是我最好的無形避風港。

主題 **樂觀面對人生**

　　我想，我們若是能夠用心體會、觀察人生的真善美，會發現活著是一件非常美好的事。這讓你能夠樂觀積極面對所有生命中的「挑戰」，也增添你生命的價值。

主題 **木棉樹**

　　校園裡的木棉樹，正隨著我們的畢業綻放出最鮮紅的花瓣，慶賀我們即將踏入另一個美好的旅程。木棉樹，感謝你這一路的陪伴，希望未來的日子你我能再相聚。

主題 **保護動物**

　　我們現在正不斷地破壞環境，污染世界，也進一步傷害了地球上的動物。我認為現在的我們要從日常生活做起資源的節省，減少垃圾的增加，以維護空氣品質，保護這些即將瀕臨絕種的動物，也還給地球該有的面貌。

二、請你參考上面的例句，仿寫結尾方法～感想法。

題目　假如世界顛倒了

　　顛倒的世界，_____

_____

_____

_____

　　豹博士小叮嚀：你可以總結前面顛倒世界的情形帶給你的感受，但要回歸你的主題——如何盡責、守分。

開頭結尾方法大挑戰～假設法&感想法

文章段落大拼圖

浩浩把一份原本拼好的文章拼圖弄散了。現在，請聰明的你一起幫浩浩把這份拼圖完成吧！首先請你將各塊拼圖剪下，並依據段落的先後次序，按照第一段、第二段、第三段、第四段的順序貼上框框中。

　　每個人的時間都一樣，但運用時間的方式不同，造就出不同的成就。假如能將等人的時間、發呆的時間，拿來看點書、做點事，便能完成一些事！所以，如何掌控時間是一門很深的學問。

　　俗話說：「一寸光陰一寸金，寸金難買寸光陰。」時間是不等人的。我想，我們要把握時間，好好計畫，成為會管理時間的主人！才不讓你的人生有遺憾。

　　美國科學家富蘭克林，小時候在印刷工廠做小工，每天都忙得團團轉，總要到三更半夜才能自己看書。因為他愛惜光陰，努力不懈，後來成為一位赫赫有名的科學家。

　　假如你想在短暫的一生留下點成就，你就要懂得珍惜時間，把握好人生的每一分每一秒，並且充分利用，才能讓你的生命散發光芒。

黏貼處——文章主題【珍惜時間】

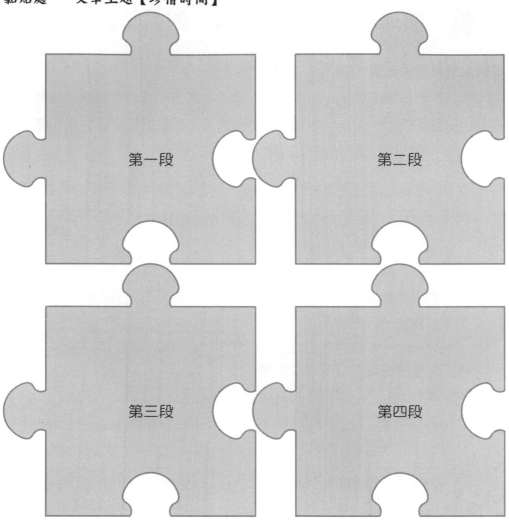

第一段

第二段

第三段

第四段

努力加油表

請為自己的認真程度，在右邊時速表
中畫出指針位置，顯示出你的努力程
度，並寫下時速。時速表越快，代表
你越努力唷！

Km/h

開頭結尾大寫作

❀ 現在給你一則事件，請你為它訂出文章的主題，並仿照前面的寫法（開頭使用假設法，結尾使用感想法）寫出一篇約 **200** 至 **300** 字左右的文章，加油！

某一日的中午，在教室老師發現小明將只咬了一口的麵包丟掉。

「小明，你怎麼將麵包丟掉了。」老師說。

「一點都不好吃，我不想要了。」小明說。

「可是這是爸媽辛苦賺錢買的，而且這樣很浪費的。」老師說。

「又沒關係，反正我爸媽給我的零用錢很多。」小明說。

主題	

_____

_____

_____

_____

_____

_____

_____

_____

_____

_____

_____

_____

_____

_____

修辭達人練功坊

第一關：請將下面的修辭方法，連到正確用法的例句。

❶ 不僅一個家失去重心，一個公司沒了員工的支撐協助，甚至整個社會都會亂了套，沒了秩序。

❷ 想一想，守秩序的世界能讓大家安定的生活；顛倒的世界會使整個社會、人們不知該如何做任何事。

❸ 因為每個人堅守自己的工作崗位，盡責守分，才能共同繪畫出祥和、秩序的社會。

❹ 假如世界顛倒了，大人不再工作賺錢，孩子不再上學唸書，大家不再認分做事。

❺ 所以，我想我們還是扮演好自己的角色。自己的角色扮演好，才能安定這個社會。

❻ 那麼，這個社會的秩序將會亮起紅燈。

頂真法

層遞法

排比法

映襯法

轉化法

借代法

第二關：上面六個修辭法的例句，可以依照我們所學的開頭絕招～假設法與結尾絕招～感想法組成一篇內容完整的文章，現在就請你將例句的編號依文句先後順序填入下面【　　】中，排成一篇前後連貫的文章。

【　　　】⇨【　　　】⇨【　　　】⇨【　　　】⇨【　　　】⇨【　　　】

解答篇

❖ 品格 E.Z. go：1. ❸　　2. ❸　　3. ❷　　4. ❷　　5. ❸

❖ 開頭方法大挑戰～假設法

一、主題：自己選擇，自己負責

　　　如果大家只依賴別人選擇，等待別人對自己下命令，告知你現在該做些什麼，這樣的人會變得事事依賴別人，只是一味地依附在別人的影子下，成為無法做大事的傀儡。如果做任何事，你只懂得先推卸責任，指責別人的不對，這樣的人學不會責任感，不會學習改善自己的缺點，從錯誤中吸取經驗。所以，自己選擇，自己負責是做人做事重要的一步。

二、連連看

A. 如果沒有功課的壓力，	甲、我可以到各地去遊玩。
B. 如果沒有連日的細雨，	乙、我要重新規劃這美麗的寒假。
C. 如果爸媽不用忙碌地加班，	丙、我就沒有作業的負荷，可以做我想做的事情。
D. 如果寒假真的重新來過，	丁、他們就有很多時間陪伴我。

主題：如果寒假重新來過

　　如果沒有功課的壓力，我就沒有作業上的負荷，可以做我想做的事情。如果爸媽沒有忙碌地加班，他們就有很多時間陪伴我到外面玩。如果沒有連日的細雨，我就可以到各地優美又有趣的地方遊玩。如果寒假真的重新來過，我要重新規劃這美麗的寒假假期。

❖ **結尾方法大挑戰～感想法**

一、小試身手

　　塗上顏色的文章題目：父親、樂觀面對人生、保護動物

二、題目：假如世界顛倒了

　　顛倒的世界，想像中應該是很有趣的，但如果真的發生，我想世界應該會大亂。大家都不在該站的崗位工作，一定會顯得不知所措。所以，我想我們還是守好自己的本分，做好自己的工作就好了。

❖ **開頭結尾大挑戰～假設法 & 感想法**

文章段落大拼圖

第一段：假如你想在短暫的一生留下點成就，你就要懂得珍惜時間，把握好人生的每一分每一秒，並且充分利用，才能讓你的生命散發光芒。

第二段：每個人的時間都一樣，但運用時間的方式不同，造就出不同的成就。假如能將等人的時間、發呆的時間，拿來看點書、做點事，便能完成一些事！所以，如何掌控時間是一門很深的學問。

第三段：美國科學家富蘭克林，小時候在印刷工廠做小工，每天都忙得團團轉，總要到三更半夜才能自己看書。因為他愛惜光陰，努力不懈，後來成為一位赫赫有名的科學家。

第四段：俗話說：「一寸光陰一寸金，寸金難買寸光陰。」時間是不等人的。我想，我們要把握時間，好好計畫，成為會管理時間的主人！才不讓你的人生有遺憾。

❖ **開頭結尾大寫作**

主題：珍惜食物

如果大家對任何食物都暴殄天物，那麼世界將會呈現怎樣的情景？世界各地將會以極快的速度暴增垃圾量，垃圾無從解決。此外，糧食短缺的問題也會開始產生，更造成許多人無東西可吃，引發暴動，遂變成嚴重的社會民生及治安問題。

看看以前的台灣人，為了三頓能求溫飽，每天辛苦拚命工作，遂能體會賺錢的辛苦，珍惜任何食物都得來不易。反觀現下的台灣人，過著優渥、舒適的生活，不斷追求各種事物的美觀、趣味，不具吸引、不好吃的東西便丟棄，漸漸地養成浪費的行為。

目前，在世界各地，先進的國家每年都有進行「飢餓三十」的活動。活動的舉辦是為了讓生活衣食無缺的人們親身感受落後國家的人們是如何挨餓，進而體會珍惜食物、珍惜萬物的觀念。

所以，現下的人們大都不懂得珍惜眼前的事物，真是身在福中不知福。我想，若是大家在丟棄一樣食物的同時，想想世上還有多少人仍沒有食物吃，你便能體會到自己是多麼幸福。所以，不要做個浪費食物的人，而是從今開始，成為珍惜食物的一員吧！

❖ 修辭達人練功坊

第一關

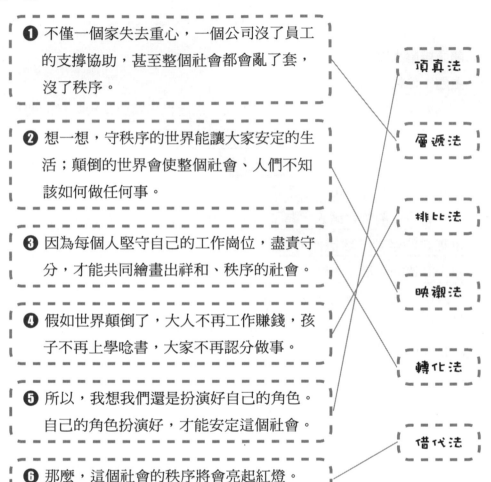

❶ 不僅一個家失去重心，一個公司沒了員工的支撐協助，甚至整個社會都會亂了套，沒了秩序。

❷ 想一想，守秩序的世界能讓大家安定的生活；顛倒的世界會使整個社會、人們不知該如何做任何事。

❸ 因為每個人堅守自己的工作崗位，盡責守分，才能共同繪畫出祥和、秩序的社會。

❹ 假如世界顛倒了，大人不再工作賺錢，孩子不再上學唸書，大家不再認分做事。

❺ 所以，我想我們還是扮演好自己的角色。自己的角色扮演好，才能安定這個社會。

❻ 那麼，這個社會的秩序將會亮起紅燈。

頂真法

層遞法

排比法

映襯法

轉化法

借代法

第二關： ❹→❶→❻→❷→❺→❸

誠實

我是＿＿＿年＿＿＿班　作文小高手＿＿＿＿＿＿＿

一只手錶

文章來源：國語日報／95.8.5 星期四／第 10 版　兒童園地

◆呂理言　台北市民權國小四年十二班

　　有一天，我打掃廁所的時候，在洗手台發現一個閃亮的東西。我走近一看，原來是一只手錶。

　　我仔細看了一下，手錶的秒針還在動，不是一只壞了的手錶。這只手錶的底色是藍色的，周圍有一圈閃亮的小鑽石，銀色的錶帶閃閃發光。我想，這只手錶戴在媽媽的手上，一定很高貴。

　　我看看打掃的人都在廁所裡面，就想把手錶帶回家，送給媽媽。可是，如果媽媽問我手錶哪兒來的，我該怎麼說？媽媽不喜歡說謊的人，也不喜歡貪心的人，所以，我就把手錶送到訓導處。

　　快放學的時候，一位女老師到班上來找我，她說：「你很誠實，謝謝你幫我找回手錶。」我很高興，因為我做了一件善事。

品格 E.Z. go

1.(　) 本文內容與下列哪一個「品格」的意義最相近？

❶ 尊重　　　　❷ 公平正義　　　❸ 誠實

❹ 信賴　　　　❺ 關懷　　　　　❻ 責任

2.(　) 你是從哪一句看出來的？

❶ 在洗手台發現一個閃亮的東西

❷ 我很高興，因為我做了一件善事

❸ 你很誠實，謝謝你幫我找回手錶

❹ 想把手錶帶回家，送給媽媽

3.(　) 如果作者把撿到的那只手錶帶回家送給媽嗎，媽媽會有什麼反應？

❶ 非常高興　　　　　　　❷ 問作者手錶哪兒來的

❸ 讚美作者　　　　　　　❹ 把手錶藏起來

4.(　) 常常說謊的人會得到什麼結果？

❶ 自己會覺得良心不安　　❷ 說真話時沒有人相信

❸ 變成不受歡迎的人　　　❹ 以上皆是

鳳博士講座

開頭絕招——特寫法

　　所謂「特寫法」就是文章在開頭時，針對主題的人、事、物或景的特點，詳細的加以刻畫或描寫，給讀者深刻的印象，以吸引讀者繼續閱讀下文。

「特寫法」公開秀

例一　題目：一只手錶

　　有一天，我打掃廁所的時候，在洗手台發現一個閃亮的東西。我走近一看，原來是一只手錶。我仔細看了一下，手錶的秒針還在動，不是一只壞了的手錶。這只手錶的底色是藍色的，周圍有一圈閃亮的小鑽石，銀色的錶帶閃閃發光。

　　鳳博士說明：強調發現的手錶秒針還在動，並仔細描寫底色的顏色及其他特徵。

例二　題目：我的弟弟

　　我的弟弟有圓圓的臉蛋，長得很可愛，常常逗得爸爸、媽媽很開心。他在家裡很活潑，可是看到陌生人就很害羞，都不敢講話，有時會跟我吵架，有時還會和我搶玩具。

　　鳳博士說明：詳細描寫弟弟的外表、個性及特色。

例三　題目：逛夜市

黃昏時，我們全家一起去逛桃園觀光夜市，現場琳瑯滿目，有地方小吃、民俗藝品、冷飲、熱食、糖果、茶具等，一應俱全，尤以傳統小吃最具知名度，有香腸攤、燒烤攤、蚵仔煎、大腸麵線、章魚燒、藥燉排骨、花枝羹、肉羹、肉圓、烤玉米、貢丸湯和擔仔麵等。

鳳博士說明：利用特寫法將觀光夜市的內容、販賣的商品做詳細的介紹。

開頭方法大挑戰～特寫法

小朋友，現在就讓鳳博士來引導你學會「特寫法」的使用吧！

一、下列文章中，開頭是用「特寫法」的請在□中打 ✓。

題目		開頭內容
偉大的母親	□	我的媽媽身材中等，不胖也不瘦，鼻子大大的，眉毛細細的，性情溫和，是一個勤儉的家庭主婦，把家裡整理得乾乾淨淨。
	□	不高不矮的個子，衣著樸素，談吐溫雅，對待鄰居和客人都彬彬有禮，她就是我最敬愛的人——媽媽。
	□	在我們家裡，最忙碌的人要算母親了。
郵差	□	「叮噹！」原來是郵差先生。負責送信來我們這一區的郵差，是一個中年人，戴著太陽眼鏡，皮膚黝黑，穿著綠衣服。他每天都在街道上來回穿梭，不停地為人們傳遞信件。
	□	「郵差」在我們的日常生活中，占了很重要的地位，如果沒有他們辛苦地為我們傳遞郵件，許多重要的信件就無法順利傳到我們的手中。
	□	郵差的工作非常辛苦，不管風多強，雨多大，他們還是要照常去送信。
腳踏車	□	每當我上下學的時候，都會看到路上許多國中生騎著腳踏車，實在很神氣，真希望自己趕快上國中，就可以跟他們一樣了。
	□	我有一輛腳踏車，它是爸爸在去年公司的尾牙抽獎抽到的，車身是藍色的，可以分段變速，還有避震器。把手向下彎曲，可以減低風阻，騎起來真是酷極了，如今它是我專屬的代步工具。
	□	今天下午到圖書館看書，出來時發現自己嶄新的腳踏車不見了，我非常著急的到處尋找，還是找不到，心裡非常懊惱，它可是爸爸送我的生日禮物啊！

二、請你參考上面的例句，仿寫開頭方法～特寫法。

題目	一只手錶

　　有一天，我打掃廁所的時候，在洗手台發現一個閃亮的東西。我走近一看，原來是一只手錶。我仔細看了一下，_____

_____

_____

_____

_____

題目	我的_____

　　請你以上面的題目，利用「特寫法」寫出這篇文章的開頭。

_____

_____

_____

_____

_____

_____

　　鳳博士小叮嚀：題目可以自訂為我的媽媽、我的爸爸、我的妹妹、我的手錶、我的鉛筆盒或其他人或物品。

豹博士講座！

結尾絕招──讚美法

　　所謂「讚美法」就是對主題中的人、事、物、景發出讚美或歌頌，作為全文結語的方法。本篇「一只手錶」最後，作者因為誠實而得到老師的讚美，作者也因做了善事而感到非常高興。

「讚美法」公開秀

例一　題目：農家生活

　　日出而作、日落而息的農家傳統規則，使他們的生活相當樸實，古色古香的四合院以及農家充實的一天，啊！農家的生活是多麼的多采多姿啊！

　　豹博士說明：以讚美農家生活的充實與多采多姿作為文章的結尾。

例二　題目：雨後

　　下過雨後，花園的草地變得更加茂盛、翠綠而可愛。花兒也得到了雨水的滋潤，天空出現一道彩虹，這雨後的景色真是美不勝收、令人陶醉。

　　豹博士說明：讚美下過雨後，大自然所出現的美景。

結尾方法大挑戰～讚美法

小朋友，現在就讓豹博士來引導你學會「讚美法」的使用吧！

一、請你將下面各題文章中，有關「讚美」的句子塗上顏色。

題目	我們的學校

在這樣一個美好的環境裡求學，是多麼幸福啊！我要用功讀書，將來讓學校以我為榮。

題目	我最喜愛的一本書

三國演義是一本內容充實的書，人物造形、個性刻劃得唯妙唯肖，戰爭的場面更描寫得栩栩如生，讓人百讀不厭，適合每一個人閱讀。

題目	母愛

上帝造出的母親，付出世界最偉大的東西——母愛。母愛是無價的，無論多少金錢或物質都換不來，讓我們一同高喊：母親萬歲！

題目	科學園遊會

科學園遊會將接近尾聲了，大家都依依不捨的結束了這一次有趣而又富有意義的科學園遊會。啊！這次的活動實在太精采了，明年我還要參加。

二、請你參考上面的例句，仿寫結尾方法～讚美法。

題目	雨後

下雨過後，＿＿＿＿＿＿＿＿＿＿＿＿＿＿＿＿＿＿＿

＿＿＿＿＿＿＿＿＿＿＿＿＿＿＿＿＿＿＿＿＿＿＿＿＿

＿＿＿＿＿＿＿＿＿＿＿＿＿＿＿＿＿＿＿＿＿＿＿＿＿

＿＿＿＿＿＿＿＿＿＿＿＿＿＿＿＿＿＿＿＿＿＿＿＿＿

開頭結尾方法大挑戰～特寫法＆讚美法

❀ 誠實國的國王為了發揚誠實的美德並勸大家不要說謊，就在全國各地貼了以下的公告：

公　告

　　即日起只要根據以下的要素，寫一篇誠實的**真實故事**，送到王宮來，經查核屬實者必有重賞，特此公告。

　　要素一：必須是真實事件。

　　要素二：文章開頭用特寫法，仔細介紹故事的主角外表、特徵、
　　　　　　個性等等。

　　要素三：第二段寫出事情的經過。

　　要素四：結尾用讚美法，讚揚誠實的行為。

公告人：誠實國的國王

事不宜遲，趕快拿起筆來寫吧！

主題　誠實的故事一則

　　這是一個和（　　　　　　　）有關的誠實故事，（　　　　　　　）是一個

_____

_____

　　事情的經過是_____

_____

_____

_____

_____

_____

_____

_____

努力加油表

　　請為自己的認真程度，在右邊時速表
中畫出指針位置，顯示出你的努力程
度，並寫下時速。時速表越快，代表
你越努力唷！

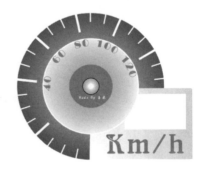

Km/h

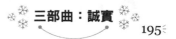

修辭達人練功坊

還記得在首部曲中所學的修辭法嗎？讓我們再次練習一下，增強功力！

第一關：請將下面的修辭方法的代號，填入下列正確用法的例句中。

❶頂真法　❷層遞法　❸排比法　❹映襯法　❺轉化法　❻借代法

我們的班導師

1.（　）發考卷時，像一隻凶猛的獅子；說笑話時，像一隻溫柔的綿羊。

2.（　）老師上課時，那雙眼睛像飛箭，像閃電，像機關槍，只要我們有任何動靜，絕對逃不過他的視線。

3.（　）在校園裡，有一位戴著黑框眼鏡，頭髮有些泛白，中廣身材，至今已桃李滿天下的中年人，他就是我們的班導師——蘇老師。

4.（　）老師像一座燈塔，指引茫茫大海的船隻航向正確的方向，啊！老師，您真偉大！

5.（　）老師常說：「沒有挫折，就沒有磨練的機會；沒有磨練的機會，就不能成為堅強的人。」使我了解遇到挫折，要勇敢的去面對。

6.（　）最有意義的課是自然課，因它使我們經歷了播種、發芽、長葉、開花結果的歷程。

第二關：上面六個修辭法的例句，可以依照我們所學的開頭絕招～特寫法與結尾絕招～讚美法組成一篇內容完整的文章，現在就請你將例句的編號填入下面【　　】中，排成一篇前後連貫的文章。

【　　】⇨【　　】⇨【　　】⇨【　　】⇨【　　】⇨【　　】

解答篇

❖ 品格 E.Z. go：1. ❸　　2. ❸　　3. ❷　　4. ❹

❖ 開頭方法大挑戰～特寫法

一、

題目		開頭內容
偉大的母親	☑	我的媽媽身材中等，不胖也不瘦，鼻子大大的，眉毛細細的，性情溫和，是一個勤儉的家庭主婦，把家裡整理得乾乾淨淨。
	☑	不高不矮的個子，衣著樸素，談吐溫雅，對待鄰居和客人都彬彬有禮，她就是我最敬愛的人——媽媽。
	☐	在我們家裡，最忙碌的人要算母親了。
郵差	☑	「叮噹！」原來是郵差先生。負責送信來我們這一區的郵差，是一個中年人，戴著太陽眼鏡，皮膚黝黑，穿著綠衣服。他每天都在街道上來回穿梭，不停地為人們傳遞信件。
	☐	「郵差」在我們的日常生活中，占了很重要的地位，如果沒有他們辛苦地為我們傳遞郵件，許多重要的信件就無法順利傳到我們的手中。
	☐	郵差的工作非常辛苦，不管風多強，雨多大，他們還是要照常去送信。

腳踏車	☐	每當我上下學的時候，都會看到路上許多國中生騎著腳踏車，實在很神氣，真希望自己趕快上國中，就可以跟他們一樣了。
	☑	我有一輛腳踏車，它是爸爸在去年公司的尾牙抽獎抽到的，車身是藍色的，可以分段變速，還有避震器。把手向下彎曲，可以減低風阻，騎起來真是酷極了，如今它是我專屬的代步工具。
	☐	今天下午到圖書館看書，出來時發現自己嶄新的腳踏車不見了，我非常著急的到處尋找，還是找不到，心裡非常懊惱，它可是爸爸送我的生日禮物啊！

二、

題目：一只手錶

　　有一天，我打掃廁所的時候，在洗手台發現一個閃亮的東西。我走近一看，原來是一只手錶。我仔細看了一下，這只手錶的外形很特別，是愛心的形狀，上面鑲了一圈塑膠珠子，沒有秒針，錶帶是彩色的，非常鮮艷。

題目：我的鉛筆盒

　　我有一個布做的粉紅色鉛筆盒，上面有一隻白色的兔子，它的容量很大，可以放很多筆，是我十歲的生日禮物，我非常喜歡。

❖ 結尾方法大挑戰～讚美法

一、找出「讚美」的句子

題目：我們的學校

　　在這樣一個美好的環境裡求學，是多麼幸福啊！我要用功讀書，將來讓學校以我為榮。

題目：我最喜愛的一本書

　　三國演義是一本內容充實的書，人物造形、個性刻劃得唯妙唯肖，戰爭的場面更描寫得栩栩如生，讓人百讀不厭，適合每一個人閱讀。

題目：母愛

　　上帝造出的母親，付出世界最偉大的東西──母愛。母愛是無價的，無論多少金錢或物質都換不來，讓我們一同高喊：母親萬歲！

題目：科學園遊會

　　科學園遊會將接近尾聲了，大家都依依不捨的結束了這一次有趣而又富有意義的科學園遊會。啊！這次的活動實在太精采了，明年我還要參加。

二、下雨過後，空氣變得很清新，大地好像被清洗過一般，非常的潔淨，我們真要感謝「雨」的幫忙啊！

❖ **開頭結尾方法大挑戰～特寫法＆讚美法**

　　這是一個和（李大維）有關的誠實故事，（李大維）是一個皮膚黝黑，個性木訥的青年，留一個小平頭，他是一個計程車司機，很有人緣。

　　事情的經過是有一次，他在清理車內時，發現一個公事包，他打開公事包看看能否找到主人的名片以便送還公事包給失主，卻發現裡面有大筆的現金，他馬上送到警察局。最後公事包和錢也物歸原主了，失主非常感動而且包了一個紅包給李大維。他撿到錢卻沒有占為己有的行為實在非常難得，事情傳開後大家都非常敬重他，甚至很多人指名要搭乘他的計程車呢！

❖ **修辭達人練功坊**

第一關　1.❹　　2.❸　　3.❻　　4.❺　　5.❶　　6.❷

第二關　【3】→【2】→【1】→【6】→【5】→【4】

公平正義

我是＿＿年＿＿班　作文小高手＿＿＿＿＿

遊樂園限制多
兒童難享優待

文章來源：國語日報／96.10.6 星期五／第 15 版　地方新聞

◆陳康宜　報導

　　消費者文教基金會昨天指出，國內許多大型遊樂園，雖然有兒童優待票，但遊樂園內設施卻有身高、體重等多項限制，讓許多未達標準的兒童「只能看不能玩」，並不公平。

　　消基會呼籲，遊樂園的設施應依照遊客的不同身分，像是身高不足的兒童或患有氣喘的大小朋友，分別制定合理的收費標準，並增設遊園制，讓不能或不想使用部分設施的遊客，享有合理的入園票價。

　　消基會日前針對八仙水上樂園、小人國、六福村、九族文化村、月眉育樂世界、劍湖山世界、布魯樂谷、花蓮遠雄海洋公園八家大型遊樂園的票價進行調查，發現部分遊樂園兒童票價與可使用的遊樂設施比例不符。

　　像是劍湖山世界的學童票價，雖比全票少一成四，但設有身高限制的設施比例達四成七；八仙水上樂園的學童票價比全票少一成六，設有身高限制的設施比例達四成三。

（下頁續）

遊樂設施限制不能使用的對象，除了身高不足的兒童外，還包括患有心血管疾病、癲癇或氣喘的大小朋友，而這些遊客入園門票卻不一定享有優待。

北縣私立及人國小四年級邱子安說，以前到大型遊樂園遊玩時，發現很多驚險的設施小朋友不能玩，覺得很可惜。他認為，遊樂園應多設置兒童設施，或規畫適合兒童玩的遊戲、比賽。

各遊樂園兒童票價與使用設施比較			
遊樂園	身高限制	兒童優待票價與全票比	不能使用設施的比例
月眉馬拉灣	120cm 以上	0%	47%
六福村	110cm 以上，12 歲以下	34%	43%
布魯樂谷	110 以上學生	10%	29%
花蓮遠雄海洋公園	110 以上兒童、學生	11%	15%
九族文化村	國小學生	23%	25%
八仙水上樂園	110cm 以上兒童、學生	16%	17%
小人國	國小以上學生	21%	8%
劍湖山世界	110cm 以上兒童、學生	14%	0%

品格 E.Z. go

1.（　）從本篇報導的主題「遊樂園限制多，兒童難享優待」中，和下列哪一項品格有關？
   ❶公平正義　　　❷誠實　　　　❸尊重　　　　❹關懷

2.（　）造成許多大型遊樂園的設施與票價不合理的主要原因是？
   ❶遊客太多所以限制兒童使用
   ❷為保護兒童所以提高票價
   ❸遊樂園設施有身高年齡的限制，讓許多未達標準的兒童無法使用
   ❹小朋友容易損壞遊樂場設施，所以要提高票價

3.（　）國內消基會呼籲，遊樂場應該如何做才能做到合理的票價？
   ❶全面降低票價
   ❷依照遊客的不同身分分別訂定合理的票價
   ❸不管對象採用一票玩到底的方式
   ❹對於兒童應該給予免費遊玩

4.（　）對於有身心障礙的大小朋友，遊樂園的票價應該如何訂定才會更合理？
   ❶為求公平起見，不管什麼人都要買一樣的票價
   ❷考量身心障礙者無法使用全部遊樂器材，訂定優待票價
   ❸針對所有的小朋友都應採免費優待
   ❹禁止身心障礙的大小朋友到遊樂園，避免危險和困擾

5.（　）在遊樂場裡，如果遇到多數的遊樂器材貼上「維修中」導致不能使用，你該如何處理？
   ❶針對可以使用的遊樂器材多玩幾次
   ❷自認倒楣，下次絕對不來了
   ❸不玩遊樂器材了，到餐廳享用大餐
   ❹據理力爭，向業者爭取合理的退費

鳳博士講座

開頭絕招——破題法

　　小朋友，你有沒有發現這篇文章開頭的主要內容——「國內許多大型遊樂園，雖有兒童優待票，可是卻因為身高、年齡的限制等因素，讓許多未達標準的兒童『只能看不能玩』，形成不公平的現象。」它直接點出了本篇文章題目的中心——「遊樂園限制多，兒童難享優待」，讓讀者清楚明白本文想要說的事情，像這樣在寫文章的時候，在開頭就直截了當點破題旨寫到題意上，直指題目的中心，而不拐彎抹角，這就叫做破題法（開門見山法）。

「破題法」公開秀

　　文章的書寫，如果一開始就能點明題目的中心意旨，直接觸及文章的核心，除了可以讓讀者感覺明朗有力外，更不會產生離題的情形。為了讓你更進一步知道及運用「破題法」，現在由我——鳳博士再多舉一些例子。

例一　題目：一則故事給我的啟示

　　「很久很久以前，有一隻長得很醜的小鴨子，雖然牠的長相不受喜歡，可是卻克服各種難關，最後變成一隻美麗的天鵝。」沒錯，「醜小鴨」這則故事帶給我的啟示很大。

　　鳳博士說明：配合題目，開門見山直接寫出「哪一則故事」對作者的啟示最大，這就是破題法。

例二　題目：我最喜歡的一本書

　　我最喜歡的一本書是《神奇樹屋》。這是一本充滿想像、驚奇的好書，它就像是我的交通工具，帶著我來來去去、穿梭時空，到世界上不同地方，讓我百看不厭。

　　鳳博士說明：開門見山直接點出「我最喜歡的書是……」讓讀者一目瞭然知道作者所指的是哪本書，這就是破題法。

開頭方法大挑戰～破題法

小朋友，現在就讓鳳博士來引導你學會「破題法」的使用吧！

一、想想看～請你將開頭是「破題法」的打 ✓。

❶【 　　　 】

談誠實

　　誠實的人，容易獲得別人對你的信任，朋友也會越來越多了。說謊的人，會切斷別人對你的信任，也就沒有人喜歡和你做朋友。

❷【 　　　 】

我的好朋友

　　我的好朋友小萬，他有小小的眼睛，黝黑的皮膚，笑的時候臉頰總只會出現一邊的酒窩；字寫得很漂亮，會彈許多好聽的歌。

❸【 　　　 】

一次有意義的校外教學

　　記得三年級到「科學博物館」的校外教學，一路上大哥哥帶著我們說說唱唱、有說有笑的，好不快樂喔！

❹【 　　　 】

當「老大」的滋味

　　當老大最可憐，也最快樂了。當大哥的滋味就像喝蜂蜜檸檬汁，有時酸，有時甜，萬般滋味，真是「如人飲水，冷暖自知」。

二、請你參考上面的例句，仿寫開頭方法～破題法。

主題	我最喜歡的一本書

我最喜歡的一本書是《＿＿＿＿＿＿＿＿＿＿＿＿》，這是一本

＿＿＿＿＿＿＿＿＿＿＿＿＿＿＿＿＿＿＿＿＿＿＿＿＿＿＿＿＿＿

＿＿＿＿＿＿＿＿＿＿＿＿＿＿＿＿＿＿＿＿＿＿＿＿＿＿＿＿＿＿

＿＿＿＿＿＿＿＿＿＿＿＿＿＿＿＿＿＿＿＿＿。令我百看不厭。

主題	面對校園暴力，勇敢站出來

請你以上面的題目，利用「破題法」寫出這篇文章的開頭，加油！

＿＿＿＿＿＿＿＿＿＿＿＿＿＿＿＿＿＿＿＿＿＿＿＿＿＿＿＿＿＿

＿＿＿＿＿＿＿＿＿＿＿＿＿＿＿＿＿＿＿＿＿＿＿＿＿＿＿＿＿＿

＿＿＿＿＿＿＿＿＿＿＿＿＿＿＿＿＿＿＿＿＿＿＿＿＿＿＿＿＿＿

＿＿＿＿＿＿＿＿＿＿＿＿＿＿＿＿＿＿＿＿＿＿＿＿＿＿＿＿＿＿

＿＿＿＿＿＿＿＿＿＿＿＿＿＿＿＿＿＿＿＿＿＿＿＿＿＿＿＿＿＿

＿＿＿＿＿＿＿＿＿＿＿＿＿＿＿＿＿＿＿＿＿＿＿＿＿＿＿＿＿＿

　　鳳博士小叮嚀：可先思考校園暴力的影響，再提出為什麼要鼓勵大家站出來。

豹博士講座!

 ## 結尾絕招——希望法

　　小朋友，在文章結尾的時候，針對整篇文章的重點，提出自己或大部分人的希望或願望，以獲得更多讀者的共鳴，及提高說服力的方法就是希望法。例如「遊樂園限制多，兒童難享優待」一文的結尾就是以一位四年級小學生的希望來獲得讀者們的認同。

 ## 「希望法」公開秀

　　為了讓你更進一步知道及運用「希望法」，現在由我——豹博士再多舉一些例子。

例一　題目：考試後的心情

　　考試後，我原本吊在心頭上的巨石終於落下來了，緊張、擔心的心情也放鬆不少。雖然這次的成績不盡理想，心中懊悔不已；但只要我再努力一點，下次一定能得到好成績。

　　豹博士說明：作者以「再努力」作為自己未來的期許與願望，這就是「希望法」的結尾。

例二　題目：開學了

　　「好的開始，是成功的一半。」新的學期我要好好努力，收拾起暑假玩樂的心，去迎接一個展新的學習。

　　豹博士說明：作者展望未來能努力學習，以獲得佳績，這也是「希望法」的結尾。

結尾方法大挑戰～希望法

小朋友，現在就讓豹博士來引導你學會「希望法」的使用吧！

一、小試身手～請你將下面結尾是希望法的內容塗上顏色。

從故事中，我看到了令人感動的父女情懷，我體會到許多人生的道理。

題目：一則故事的啟示

醜小鴨這則故事給我的啟示很大，希望我能像牠一樣，遇到困難時能勇敢面對，不會畏畏縮縮的。

這篇故事是要告訴我們，做人要像窮農夫一樣善良，不要像壞農夫一樣那麼貪心，才不會得到報應。

二、請你參考上面的例句，仿寫結尾方法～希望法。

主題 考試後的心情

考試後，＿＿＿＿＿＿＿＿＿＿＿＿＿＿＿＿＿＿＿＿

＿＿＿＿＿＿＿＿＿＿＿＿＿＿＿＿＿＿＿＿＿＿＿＿＿

＿＿＿＿＿＿＿＿＿＿＿＿＿＿＿＿＿＿＿＿＿＿＿＿＿

＿＿＿＿＿＿＿＿＿＿＿＿＿＿＿＿＿＿＿＿＿＿＿＿。

主題 **面對校園暴力，勇敢站出來**

請你以上面的題目，利用「希望法」寫出這篇文章的結尾，加油！

_____

_____

_____

_____

_____

豹博士小叮嚀：可從「期待校園暴力消失，可以帶來什麼樣的校園氣氛？」的方向思考。

開頭結尾方法大挑戰～破題法&希望法

一、文章段落重組

哥哥認真地利用剛剛所學的開頭方法～破題法和結尾方法～希望法，寫了一篇作文，但被弟弟不小心撕破了。請你幫忙哥哥，依照順序，將作文重新組合起來。請在下面的【 　 】中填上正確的順序，如 1、2、3、4。

【 　 】
誠實要從自己的日常生活中開始做起，不要說謊，也不要騙人。到最後，你不但能贏得大家對你的信任，做任何事的成功機會也會更高。

【 　 】
誠實就是不欺騙他人，做錯事能坦白。誠實讓我們能勇於面對自己，讓我們能知錯能改。

誠實

【 　 】
美國總統華盛頓小時候不小心砍倒了爸爸心愛的櫻桃樹。雖然他的兄弟姊妹都勸他不要誠實，以免被父親處罰，但華盛頓反而勇敢地向父親認錯，不但沒被責罵，還稱讚他的行為。

【 　 】
俗話說：「謊言像一朵盛開的花，外表美麗，生命短暫。」意思是不管謊言聽起來有多真實，終究會被別人戳破。

二、文章仿寫

　　請你仿照前一頁「誠實」的寫法，以「校園體罰」為題，運用破題法與希望法寫出一篇約 200 至 300 字左右的文章，加油！建議你分成三小段來書寫。

_____

_____

_____

_____

_____

_____

_____

_____

_____

_____

_____

_____

_____

_____

_____

_____

努力加油表

請為自己的認真程度，在右邊時速表中畫出指針位置，並寫下時速，顯示出你的努力程度。時速表越快，代表你越努力唷！

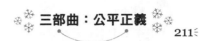
 # 修辭達人練功坊

　　小朋友，還記得在首部曲中所學的幾種修辭法嗎？配合本次剪報的主題內容，讓我們再次練習一下，增強功力……。

第一關：請將下面的修辭方法的代號，填入下列正確用法的例句中。

| ❶頂真法 | ❷引用法 | ❸排比法 | ❹映襯法 | ❺轉化法 | ❻借代法 |

我最喜歡的一位人物

1.（　）愛迪生曾說：「成功是靠一分的天才，九十九分的努力。」

2.（　）這句話，結構是多麼的調和，詞句是多麼的流暢，內涵是多麼的深奧。

3.（　）我最喜歡的人物是愛迪生，他總是帶著一副厚重的眼鏡，眼鏡底下卻隱藏著深邃的大眼睛。

4.（　）我了解到天下沒有白吃的午餐，只有努力耕耘，才會有收穫。

5.（　）小時候，愛迪生成績一落千丈，長大後的成就卻步步高升。

6.（　）憑著百折不撓的精神與態度，他才能在不斷的失敗中，累積成功的能量。終於，愛迪生的夢想點亮了全世界。

第二關：上面六個修辭法的例句，可以依照我們所學的開頭絕招～破題法與結尾絕招～希望法組成一篇內容完整的文章，現在就請你將例句的編號填入下面【　　】中，排成一篇前後連貫的文章。

【　　】⇨【　　】⇨【　　】⇨【　　】⇨【　　】⇨【　　】

 公平正義隨身聽 ⠂⠂⠂

對不公平的事怎麼辦？

談到「限制」就讓我想起一個發生在我們台灣的真實故事。

那是一件轟動社會的年輕人殺死雇主的案子。這位純樸的年輕人來到繁華的台北打工，碰到了惡劣的雇主，不僅薪水微薄，還壓榨他的勞力、剝奪他的自由，在受盡各種不平等的待遇後，這位年輕人選擇了採取最激烈的方式，拿刀子殺死了雇主夫婦來表示抗議。

整個事件最後的發展，這位年輕人雖然非常懊悔，但還是被判了死刑並且執行完畢。

有人認為，這位年輕人雖然手段並不正確，但卻情有可原。也有人認為死刑或能嚇阻犯罪，但對於一個走投無路且深具悔意的人來說或許太沉重了。雖然社會各界的呼籲請求，希望能為他爭取特赦，但仍免不了死刑這樣的結局。

小朋友，你覺得呢？到底誰比較對？

解答篇

❖ 品格 E.Z. go：1. ❶　　2. ❸　　3. ❷　　4. ❷　　5. ❹

❖ 開頭方法大挑戰～破題法

一、想想看

❶【✓】（說明：直接指出題目「誠實」的重要性，並舉相反的「說謊」來凸顯不誠實所帶來的缺點，讓讀者感覺明朗有力，此即為破題法的運用。）

❷【✓】（說明：作者直接寫出他的好朋友名字，以及好朋友的長相、特徵，這便是破題法的運用。）

❹【✓】（說明：本文直接針對題目的中心，說出當老大有酸有甜的滋味，並配合成語的運用，是不錯的破題用法。）

二、參考例句仿寫

主題：我最喜歡的一本書（參考答案）

　　我最喜歡的一本書是《哈利波特》，這是一本集奇幻、魔幻於一身的讀物。每當我翻閱此書時，總會不由自主的跟隨著書本徜徉在這奇妙的世界中。令我百看不厭。

主題：面對校園暴力，勇敢站出來（參考答案）

　　我們都有可能面對校園暴力的問題，不只是自己，也可能是身邊的同學們。面對校園暴力我們應該要勇敢站出來，不向惡勢力低頭，維護自己的權益。

❖ **結尾方法大挑戰～希望法**

一、小試身手

塗上顏色的區塊如下：

> 醜小鴨這則故事給我的啟示很大，我希望能像牠一樣，遇到困難時能勇敢面對，不會畏畏縮縮的。

說明：作者期望自己能有像醜小鴨般不怕困難的精神，在未來的日子爭取佳績，是希望法的運用。

二、參考例句仿寫

主題：考試後的心情（參考答案）

考試後，原本沉重的課業壓力，終於可以休息一下了。雖然這次考得不太理想，但只要我再加油，更加努力，下次一定可以考得更好。

主題：面對校園暴力，勇敢站出來（參考答案）

只要大家在面對校園暴力時，能不畏恐懼而勇敢地站出來，相信在未來的日子，校園的暴力情況就會越來越少，校園中也會充滿歡樂的學習氣氛。

❖ **開頭結尾方法大挑戰～破題法＆希望法**

一、文章段落重組：

4	1
3	2

二、文章仿寫：【參考答案～修改自學生的作品】

主題：校園體罰

校園體罰是大家一直很關心的議題。適當的體罰，是為了讓我們了解做錯事的後果，時時能警惕自己，不要再犯相同的錯誤。但過度的體罰不只會傷害學生的身體，更會影響學生的心理發展。

　　體罰是老師教導學生不得已才使用的方法，當面對學生不當的行為時，要先以「愛的教育」來感化學生，讓學生能自動自發地改善錯誤。如果真的需要體罰學生時，也要先讓他了解為什麼要處罰他，讓他心服口服，這樣才能達到效果。

　　最後，希望校園裡大家都能和睦相處，互相尊重。如果能這樣，體罰的事件一定會減少，學生也不會視學校為恐懼，更能以快樂的心情來學習。

❖ **修辭達人練功坊**

　第一關　　1.❷　　2.❸　　3.❶　　4.❻　　5.❹　　6.❺

　第二關　　【3】→【1】→【2】→【5】→【6】→【4】

信賴

我是＿＿＿年＿＿＿班　作文小高手＿＿＿＿＿＿＿

在教室吃火鍋

文章來源：國語日報／95.12.29 星期五／第 7 版　兒童園地

◆林維宣　屏東縣東隆國小四年丙班

　　「只要好好努力，考完試就可以吃自己在教室煮的火鍋呵！」聽到老師這麼一說，我體內的鬥志細胞都活化起來，開始挑燈夜戰，寒窗苦讀。考完試，老師宣布結果：「星期五煮火鍋咯！」

　　期待已久的火鍋課終於登場，大家提著大包小包的東西到學校，有的拿火鍋料，有的帶瓦斯爐，還有人準備了美味的火鍋湯底，各式各樣的火鍋食材擺滿了整間教室。

　　耶！開始了！老師先請同學的媽媽趁著我們上羽球課的空檔，幫我們把湯底加熱，接著我們就把預先在家處理好的火鍋料一一下鍋，不到一會兒功夫，香味四溢。火鍋的香味吸引了許多人好奇的眼光，這讓我們很得意，因為能在學校煮火鍋的機會並不多，能煮得香味傳遍校園更是少見。

　　好不容易等到五花八門的食材浮上來，大家再也忍不住美食當前的誘惑了，手開始不停的夾，嘴不停的吃，自己那一組吃光了，就跑到別組繼續大快朵頤。轉眼間，每一組都杯盤狼藉，鍋底朝天，今天的火鍋課真是大成功。

（下頁續）

感謝老師給我們這個機會煮火鍋。平常在家裡，媽媽總認為我們還小，使用瓦斯爐很危險，不敢讓我們親自動手做。今天老師讓我們在教室，靠自己的力量，和同學互助合作，完成這一堂難得的火鍋課。這一堂課讓我體會媽媽做家事的辛勞；我覺得從做中學，好吃又好玩，真是一舉兩得。

 品格 E.Z. go ✳

1.(   ) 本文內容與下列哪一個「品格」的意義最相近？

    ❶關懷　　　　❷信賴　　　　❸公平正義

    ❹誠實　　　　❺尊重　　　　❻責任

2.(   ) 從下面哪一句話中，可以看出它具有這樣的品格？

    ❶聽到老師這麼一說，我體內的鬥志細胞都活化起來

    ❷今天老師讓我們在教室，靠自己的力量，和同學互助合作，完成這一堂難得的火鍋課

    ❸每一組都杯盤狼藉，鍋底朝天，今天的火鍋課真是大成功

    ❹火鍋的香味吸引了許多人好奇的眼光，這讓我們很得意

3.(   ) 作者為何有機會吃火鍋？

    ❶和課程有關　❷兒童節活動　❸努力認真考試　❹天氣很冷

4.(   ) 作者覺得這次煮火鍋的主要樂趣在於？

    ❶自己嘗試煮　　　　　❷可以吃比較多

    ❸和同學搶來搶去　　　❹全校只有我們可以煮火鍋

5.(   ) 在這節課當中作者沒學到什麼？

    ❶和同學團隊合作　　　❷體會媽媽做家事的辛勞

    ❸有好處自己先嚐　　　❹努力就有機會獲得獎勵

鳳博士講座

開頭絕招——特寫法

　　小朋友，所謂的特寫法，就好像電影、電視或照片的特寫鏡頭一樣喔！我們可以將人、事、物、景色、動作或者情境，仔細的描寫出來，增加讀者想像空間，使讀者感覺身歷其境，內心與作者有相同感受的想法，就稱為「特寫法」。

「特寫法」公開秀

　　文章的開頭如果能夠採取「特寫法」，就像是讀者戴上作者的眼鏡來看世界一樣喔！透過細微的描寫，一一描述，就像是看場電影一樣。現在由我——鳳博士再多舉一些例子，讓你更加了解擬人法的使用。

例一　題目：我的學校

　　我的學校坐落在桃園市中正藝文特區旁，有著紅紅的磚牆、馬賽克的校門，在前庭還有鯉魚躍龍門的圖騰喔！一走進校園，就感染熱情的氣氛。……

　　鳳博士說明：將校園的景物由外到內細細的描寫，這就是「特寫法」開頭。

例二　題目：媽媽的手

　　每天早上，媽媽總會用她的手輕輕拍著我的臉頰，要我快點起床。粗粗的手，摸在我的皮膚上，感受到忙碌的媽媽——總是忙裡忙外，一會煮飯洗菜，一會兒擦桌子抹地板，……

　　鳳博士說明：把媽媽的手透過「特寫法」的方式描述，讓文章多了想像的味道喔！

例三　題目：雨天過後

　　下了一場午後雷陣雨，萬物像是洗了舒服的澡，荷葉上積了些許的露珠，手指輕碰一下葉子，露珠嘰哩咕嚕跌了下來。這時，田裡的泥土鑽出一對對亮晶晶的眼睛。我坐在田埂上，樂得捲起褲管。……

　　鳳博士說明：將雨天過後的情景一一描寫，以「特寫法」的方式開始，讓讀者有身歷其境的感覺！

 # 開頭方法大挑戰～特寫法

放大鏡特寫，讓我們一起來熟悉開頭方法～特寫法。

一、人物放大鏡

親愛的小朋友：從這個情境中，猜猜看這一位騎兵的表情會是什麼？請試著畫出他的臉部表情吧！畫得越詳細越好！並將他的外表、特寫表情寫下。

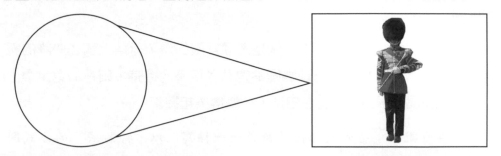

主題	小騎兵

外表（服裝）：

＊特寫表情：

二、試著運用「特寫法」寫出下列主題的開頭吧！找出弟弟有趣的特點，並結合信賴來當做開頭吧！

主題	我的弟弟

_____

_____

_____

_____

豹博士講座！

 ## 結尾絕招——感想法

　　小朋友，當文章結尾的時候，我們將自己心中的想法抒發出來，並讓讀者能找到文章的主旨。例如「在教室吃火鍋」一文中，小朋友運用感想法寫結尾，讓我們知道他感謝老師給予他們煮火鍋的經驗，使他們互助合作，並體會媽媽做家事的辛勞。

 ## 「感想法」公開秀

範例	題目：我愛上學

　　雖然媽媽不能陪我在學校上課，但是有老師和同學關心我，讓我很有安全感，也讓我開始慢慢的懂事。以後我要將我的關心傳給同學，……

　　豹博士說明：說出喜歡上學的主因——關心，讓作者有安全感，將喜歡上學的主旨點出來，並期許自己。這就是「感想法」結尾。

結尾方法大挑戰～感想法

小朋友讓我們來練習「感想法」的使用方法吧！

一、小試身手：請你將下面結尾是感想法的內容塗上顏色。

莊子說：「吾生也有涯，而知也無涯。」學習是無止境的，運用智慧向人學習，做個活到老學到老的人。

感想法

我是小草，雖然長得小，面對困難的環境，仍然能夠活出自己的堅強。只要我抱著勇敢的心，一定可以和大樹一樣長大。

一想到老師對我的期許，我就不敢怠惰。一句「面對事情要勇往直前，不怕困難」，讓我總是充滿熱情活力。

二、小朋友，請試著以「感想法」寫出這篇文章的結尾。

期待已久的游泳課來臨了。我們換好泳衣、泳褲，做完暖身操，全副武裝的站在水池邊，眼巴巴的等待老師發號施令。	老師一聲令下，我們就像成群的小鴨子，「撲通撲通」跳下水。我們開開心心打起水仗，一會你潑我，一會我潑你，噴得眼睛都睜不開了。霎時，游泳池畔充滿歡愉的氣氛。	哨音一響，老師要我們練習打水前進。大家握緊浮板，奮力的踢著水。高手就像海豚一樣優游在水中；新手則慢慢的適應水，緩緩前進。	＿＿＿＿＿＿＿＿＿ ＿＿＿＿＿＿＿＿＿ ＿＿＿＿＿＿＿＿＿ ＿＿＿＿＿＿＿＿＿ ＿＿＿＿＿＿＿＿＿ ＿＿＿＿＿＿＿＿＿

開頭結尾方法大挑戰～特寫法&感想法

一、文章段落重組

　　哥哥認真地利用剛剛所學的開頭方法～特寫法和結尾方法～感想法，寫了一篇作文，但被弟弟不小心撕破了。請你幫哥哥依照順序，重新將作文組合起來。請在下面的【　　】中填上正確的順序，如 1、2、3、4。

【　　】

忽然，有一隻螞蟻掉到旁邊的水池裡，只見其他的螞蟻亂了手腳，掉入水的螞蟻不斷掙扎。我趕快撿起腳邊的落葉，把那隻螞蟻撈起來，讓他回到隊伍裡面，繼續工作。整群的螞蟻，似乎又數著「一二一二」，整齊的前進。

【　　】

記得去年暑假，我們回到新竹鄉下，在風和日麗的下午，草叢下的泥地上發現一顆顆小芝麻排列整齊，令我感到好奇。探下頭尋找：原來是一群正在搬運食物的螞蟻雄兵，一隻螞蟻緊跟著一隻螞蟻，誰也沒插隊。

信賴

【　　】

螞蟻一個接著一個前進的模樣，讓我看得入神。當他們找到食物時，彼此交換著訊息，隨即出動螞蟻雄兵，準備搬運。成群的螞蟻集合之後，每個人搬著東西，一個挨著一個，跟著伙伴前進，這種感覺很特別。

【　　】

媽媽告訴我：「螞蟻們，彼此信賴著彼此，團結合作，一隻遵循著一隻的腳步前進。」想到和同學的相處，如果也能學習這樣的態度，一定能表現很好。這樣的合作精神，讓我印象十分深刻。

二、文章續寫

　　小朋友，下面提供了文章的中間部分，請你仿照上面的寫法，以「我最信賴的朋友」為題，運用特寫法與感想法寫出一篇約 200 至 300 字左右的文章，加油！

　　「嗚……為什麼啦？」「好了，你就別傷心了嘛！」每當我傷心難過、需要人幫助時，她總是第一個衝過來幫我。記得有一次，我考的很差，她不但不說風涼話，反而來鼓勵我，給予我強而有力的力量，讓我產生很大的信心。

努力加油表

請為自己的認真程度，在右邊時速表中畫出指針位置，並寫下時速，顯示出你的努力程度。時速表越快，代表你越努力唷！

修辭達人練功坊

❀ 咪咪將樹林裡的通關密碼弄丟了，老榕樹爺爺不准他進來，害得咪咪好傷心。請你幫幫咪咪完成以下的問題，依序找到通關密碼吧！

| ❶ 層遞法 | ❷ 借代法 | ❸ 頂真法 | ❹ 轉化法 | ❺ 映襯法 | ❻ 引用法 |

1.(　　) 孔子說：「己所不欲，勿施於人。」當我們自己不願意這麼做的時候，也不要將責任推託給別人。

2.(　　) 花園裡開滿五顏六色的花，花朵綻放繽紛美麗的顏色。

3.(　　) 大雨毫不留情的向大地傾倒廢水，要人們多留意土地維護。

4.(　　) 他不但喜歡唱歌，還能將唱歌當作娛樂大家的笑點，甚至於還能利用這項喜好去服務老人。

5.(　　) 人際關係好的人，在他身旁像是沉浸在陽光下；人際關係不好的人，則讓人感到畏懼。

6.(　　) 他是班上的「飛毛腿」，跑步項目少不了他。

通關密碼依序是：(　　　　　　　　　　　　　　　)

 信賴隨身聽

陳元方答客問

　　陳太丘與朋友相約出遊。到了約定的當天，過了中午朋友仍然還沒來，因為早已超過約定時間，太丘於是不等朋友就先去了。太丘離開之後，朋友才到。

　　當時太丘的兒子元方當年才十歲，正在門外玩耍。客人問元方說：「你父親在家嗎？」元方回答：「我父親等待你許久，你都沒來，所以先出發了。」朋友聽了就生氣的說：「真不是人啊！和朋友約定時間，自己卻先離開。」元方就回答說：「你和我父親約好今天中午，時間到了中午，你仍然還沒到，就是沒有信用；對朋友的兒子責備他的父親，更是沒有禮貌。」朋友聽了，覺得很慚愧。下了馬車想要拉元方的手，元方回到家裡不理睬那位客人。

內容取自《世說新語》

□ 小朋友看完這篇故事後，覺得這位朋友的做法如何？如果你是元方，
　 你會怎麼跟他說呢？

解答篇

❖ **品格 E.Z. go：** 1. ❷　　 2. ❹　　 3. ❸　　 4. ❹　　 5. ❸

❖ **開頭方法大挑戰～特寫法**

一、人物放大鏡

主題：小騎兵

外表（服裝）：黑色高帽子、紅色短外套、金色圓鈕釦、黑色長褲、持槍

* 特寫表情：每位小騎兵帶著黑色高聳的帽子，在帽子下小騎兵的臉龐顯得嚴肅。沒有一丁點的笑容，眼睛直視前方，讓人不得不敬畏。

二、運用「特寫法」寫開頭

主題：我的弟弟

略捲的頭髮，直挺的鼻樑，高大的身材。沒錯！他就是我的弟弟。雖然有時迷糊，卻是個一言九鼎的人，說到做到，有事需要幫忙，找他準沒錯。

❖ **結尾方法大挑戰～感想法**

一、小試身手

一想到老師對我的期許，我就不敢怠惰。一句「面對事情要勇往直前，不怕困難」，讓我總是充滿熱情活力。

二、以「感想法」寫出結尾

　　下水游泳真的好有趣，尤其和同學一起去的時候。可以開心的打水仗，老師教的游泳動作簡單又好玩。真是謝謝媽媽讓我參加游泳課程，輕輕鬆鬆學游泳，還能和同學聯絡感情，好處多多呢！

❖ 開頭結尾方法大挑戰

一、文章段落重組

3	1
2	4

二、文章續寫

　　主題：我最信賴的朋友

　　我最信賴的朋友名叫「徐昕瑜」，身高瘦瘦高高的，戴著一副眼鏡，從外表看就是一個天真可愛的女孩。

　　「嗚……為什麼啦？」「好了，你就別傷心了嘛！」每當我傷心難過、需要人幫助時，她總是第一個衝過來幫我。記得有一次，我考的很差，她不但不說風涼話，反而來鼓勵我，給予我強而有力的力量，讓我產生很大的信心。

　　快要畢業了，即將升上國中的我們，都要步入另外一個旅程。我一直相信一句話「只要努力一定會成功」，這是我和昕瑜共同的秘密。一起為國中生活努力，彼此相互信賴，相信我們的友誼一定可以長長久久。

❖ 修辭達人練功坊：通關密碼：（❻❸❹❶❺❷）

關懷

我是＿＿＿年＿＿＿班　作文小高手＿＿＿＿＿＿＿

 ## 阿媽的紅眼床

文章來源：國語日報／96.5.16 星期三／第 4 版　青春

◆林蒼澍　桃園縣八德國中八年三班

　　小時候住在阿媽家，每天晚上我總是躺在阿媽家的「紅眼床」酣然入夢。上學以後，回到父母身邊，我忘不了賴在那張床上的感覺，就像對阿媽的依戀一樣。

　　這一次回到阿媽家，我終於和它久別重逢。阿媽幼年的生活很困苦，更因為戰亂未能完成小學教育。阿公和阿媽結婚後，九名子女相繼出生。兩人省吃儉用，只為了給孩子較好的生活。阿媽在家也不得閒，為了生活，每天要走到幾里路外的田裡工作。這樣辛勤工作了大半輩子，如今，阿媽的背駝了，手腳更是經常性的痠痛。

　　漫長歲月裡，滴落在泥土裡的汗水，是阿媽對子女永無止盡的愛，吞入肚裡的眼淚，是阿媽對子女無怨無悔的付出。記得有一次，阿媽燒好熱水準備幫我洗澡時，我偷偷溜進浴室玩水，一個不小心，掉入滾燙的熱水中。阿媽心急如焚的將我送往醫院急救，途中，阿媽不時責備自己。想起阿媽自責難過的神情，我不禁後悔自己的調皮。後來，我足足躺在「紅眼床」上休養了好幾個月。那天，我陪阿媽躺在床上談天，阿媽就像是突然想起什麼似的，打開床頭的暗櫃，拿出錢偷偷塞給了我，說：「你長大了，需要較多的零用錢，這些錢你拿去好好運用。」這時，一股暖流流過心頭。

（下頁續）

> 　　阿媽是我的精神支柱，當我難過或失意時，每每想起阿媽在床上向我娓娓道來的「打拼史」，她溫柔又堅定的話語，是鼓舞我的無形力量。對於阿媽的愛，我無限感激。俗話說：「父母恩，一生一世也還不完。」那麼我也要說：「阿媽對我的恩情，是我一生一世也報答不完的。」
>
> 　　在這個感恩的月份，曾經在阿媽的「紅眠床」上「一暝大一寸」的我，要祝福把我一手帶大的阿媽平安、健康、快樂、長命百歲。

 ## 品格 E.Z. go

1.(　　) 本篇文章的主題和下列哪一項品格有關？

❶公平正義　　　❷誠實　　　　　❸尊重　　　　　❹關懷

2.(　　)「父母恩，一生一世也還不完。」文章中作者對誰表達內心最大的謝意？

❶媽媽　　　　　❷爺爺　　　　　❸奶奶　　　　　❹爸爸

3.(　　) 作者回憶小時候，阿媽燒熱水幫他洗澡，因調皮而燙傷，我們該如何看待此事？

❶責備阿媽的不是　　　　　　❷要求阿媽賠償一切損失
❸反省自我的行為　　　　　　❹恨阿媽一輩子

4.(　　) 長輩對子女的愛比山高比海深，我們該如何回報？

❶賺許多錢給他　　　　　　　❷節日時買禮物送他
❸關懷長輩，做個感恩、對社會有貢獻的人
❹做個名人

5.(　　) 從小父母對子女無微不至的照顧，使子女順利長大，當我們成人時要：

❶追求理想遠赴他鄉　　　　　❷時常關心照顧父母
❸寄錢給父母用　　　　　　　❹過年時才回家團圓一次

鳳博士講座

 ## 開頭絕招——特寫法

 ## 「特寫法」公開秀

文章的書寫，開頭聚焦在人、事、物或景的詳細描寫，除了可以讓讀者產生共鳴外，更能讓讀者留下深刻印象。為了讓你更進一步知道及運用「特寫法」，現在由我——鳳博士再多舉一些例子。

例一 題目：我的媽媽

老媽每天都在後院的小爐灶旁忙一件事——用柴火燒開水。看她仔細的把一根根的木柴丟進去爐灶，手拿扇子用力的搧，使勁往裡面送氣，有時白煙熏到眼睛，眼淚直流，另一隻手還要忙著搧風，直到熊熊火焰升起，一大鍋水沸騰開來了，她老人家才到前院納涼歇息。

例二 題目：家鄉

我家位於靠海邊的小漁村，距離我家僅一百公尺就是藍藍的大海，每當夕陽漸漸沉入海中，周圍的天空和海面點綴得金光閃閃，景致相當迷人。這是一個偏僻的小村落，地方雖小，不過以前可是繁榮的港口，船隻進進出出，很熱鬧呢！現在因為泥沙淤積，所以少有船隻進出，昔日的繁榮也成了過往雲煙，但這裡的風景依舊，美麗動人。

開頭方法大挑戰～特寫法

小朋友，現在就讓鳳博士來引導你學會「特寫法」的使用吧！

一、讀讀看：請你為這幾篇特寫法開頭的文章訂一個貼切的題目。

主題	_____

　　哥哥十歲的時候，忽然不由自主搖起頭來，還發出「赫一赫」的聲音，眼睛不停的眨著。爸媽帶著哥哥四處求醫，醫生說：「這是腦神經不自主的症狀，也就是妥瑞症。」哥哥的發病，頓時讓家裡蒙上一片烏雲。

主題	_____

　　我們搭上直飛日本的包機，飛向夢幻的豪斯登堡，進入堡內已經華燈初上。我迫不及待的登上高塔想一覽媽媽口中的夢幻世界。當我向外俯瞰，塔下各式美麗的歐洲建築、古堡、港口、船舶，以及好大的一艘海盜船，都被燈光點綴得五彩繽紛，好像是故事書裡的童話世界。

二、請你參考上面的例句，仿寫開頭方法～特寫法。

主題 珍惜好朋友

請你以上面的題目，利用「特寫法」寫出這篇文章的開頭，加油！

郁婷和我從幼稚園到現在，一直都是同班同學，她家開麵包店，大家都說她家的麵包很好吃。郁婷長得＿＿＿＿＿＿＿＿＿＿＿＿＿＿＿＿＿＿
＿＿＿＿＿＿＿＿＿＿＿＿＿＿＿＿＿＿＿＿＿＿＿＿＿＿＿＿＿＿＿＿＿
＿＿＿＿＿＿＿＿＿＿＿＿＿＿＿＿＿＿＿＿＿＿＿＿＿＿＿＿＿＿＿＿＿

有了郁婷這個朋友，生活變得更充實，更快樂。

主題 夏日

請你以上面的題目，利用「特寫法」寫出這篇文章的開頭，加油！

午後，我在稻田旁的小徑散步，陣陣涼風吹來，一股芬芳的泥土味夾雜著花香味撲鼻而來，＿＿＿＿＿＿＿＿＿＿＿＿＿＿＿＿＿＿＿
＿＿＿＿＿＿＿＿＿＿＿＿＿＿＿＿＿＿＿＿＿＿＿＿＿＿＿＿＿＿＿＿＿
＿＿＿＿＿＿＿＿＿＿＿＿＿＿＿＿＿＿＿，這樣的美好時光真令我陶醉。

豹博士講座

結尾絕招——祝福法

小朋友，在文章結尾的時候，針對文章的人物，抒發自己內心的祝福，表達真切的情誼與誠摯的祝福，使讀者感覺溫馨。例如「阿媽的紅眠床」一文的結尾就是以感恩的心境敘寫「紅眠床」與「一暝大一寸」的親密關係，接著以「祝福把我一手帶大的阿媽平安、健康、快樂、長命百歲」，表達對阿媽的真誠感動，激盪出讀者濃厚的感情，也深深觸動讀者的心弦。

「祝福法」公開秀

為了讓你更進一步知道及運用「祝福法」，現在由我——豹博士再多舉一些例子。

例一　題目：生日

媽媽總是無私為兒女付出，不求任何回報。謝謝媽媽辛苦懷胎十月賜給我生命，我會好好珍惜自己，讓生命過得更有意義。在生日當天我要說聲：「媽媽，謝謝您！」，祝福您，天天健康，順心如意。

例二　題目：感謝有你

真的很感謝你，對我的包容與耐心，引導我解開許多學習上的難題，讓我克服困難更上一層樓，我想，只有學習和你一樣的耐心，適時幫助需要幫助的人，才是唯一能給你的回報，祝福你學測順利。

結尾方法大挑戰～祝福法

小朋友，現在就讓豹博士來引導你學會「祝福法」的使用吧！

一、小試身手：下文中，請你以祝福法的重點找出答案完成表格。

❶ 溫馨家庭

　　我的家不在都市的高樓大廈，也不富有，但是我的家人給我溫暖的愛，我愛家人也愛我的家，我的家是溫馨又甜美的依靠，我要大聲的跟家人說：「我愛你們，謝謝你們。」祝福你們每天都快樂。

　　根據文章，完成以下的表格。

祝福的主題？	它與作者有何特殊情感？	作者如何祝福？

❷ 打開關愛的窗

　　平安的人，要幫助有難的人！參觀創世基金會探訪清寒植物人，印象最深刻的是大家和「偉偉哥哥」的互動。我們圍在床畔輕柔呼喚，更為他加油打氣，祝福他「會動，要勇敢哦！」「趕快好起來，和我們一起上學、玩遊戲！」我深刻的對「愛」有體會，不只要關懷家人，心存感恩，對弱勢充滿愛心，更要保護一切生物，尊重所有的生命。

根據文章，完成以下的表格：

祝福的主題？	作者抒發何種特殊情感？	作者如何祝福？

二、愛在心裡口要開：請選出一位最想要感謝的人，用一段話及一個小插
圖，設計成一張卡片表達心中的謝意與祝福。

　　在成長過程中，有父母、師長、朋友及身邊的事、物陪我們走過。憶及
過往的日子裡，總有人不時地關懷著或適時伸出援手拉我們一把，或是仔細
耐心聆聽你的心情，或是給你一個溫暖的擁抱，或是陪著你同甘共苦……。

　　現在，懷著感謝的心，想想那些曾陪你走過的人、事、物。他們的愛是
希望的種子，在心底生根。打開記憶之盒，把這生命中的小故事寫下來，也
藉此表達對生命中的貴人深深的感激——因為有你們，我才能平安成長至
今。

開頭結尾方法大挑戰～特寫法＆祝福法

文章改寫

小朋友，大家很認真地學習寫作的開頭方法～特寫法和結尾方法～祝福法，以下這篇文章請你將它改頭換面一下，讓大家一起分享你的大作，好嗎？

主題：處處是幸福

文章來源：國語日報／95.3.22 星期三／第 10 版　兒童園地

◆彭敬婷　新竹縣山崎國小五年七班

你什麼時候會覺得幸福？是品嚐家人為你做的食物嗎？是互相擁抱的時候嗎？是換上乾淨衣褲以後嗎？是的，以上都有幸福的味道。

改寫開頭：＿＿＿＿＿＿＿＿＿＿＿＿＿＿＿＿＿＿＿＿

＿＿＿＿＿＿＿＿＿＿＿＿＿＿＿＿＿＿＿＿＿＿＿＿＿

＿＿＿＿＿＿＿＿＿＿＿＿＿＿＿＿＿＿＿＿＿＿＿＿＿

＿＿＿＿＿＿＿＿＿＿＿＿＿＿＿＿＿＿＿＿＿＿＿＿＿

＿＿＿＿＿＿＿＿＿＿＿＿＿＿＿＿＿＿＿＿＿＿＿＿＿

＿＿＿＿＿＿＿＿＿＿＿＿＿＿＿＿＿＿＿＿＿＿＿＿＿

我喜歡品嚐家人為我做的食物，如果是去外面購買，就缺乏那種幸福的味道。如果家人過生日，建議你親自做小蛋糕或餅乾，想必家人會很高興。

有一天，媽媽問我：「每天晚上，你為什麼總是面帶微笑？」我回答說：「因為我有可愛的弟弟常常逗我開心，有無怨無悔付出，真誠關心我的爸爸、媽媽，我們有一個溫暖的家庭，讓我感覺很甜蜜，很舒服，好像在品嚐一道美味的食物，生活中到處充滿幸福的味道。」

每天睡覺以前，我們可以想一想，家人為我做了什麼事情，我又為家人做了什麼事情，我相信只有學會珍惜，也了解付出的辛苦，才會發現生活處處都是幸福。

改寫結尾：＿＿＿＿＿＿＿＿＿＿＿＿＿＿＿＿＿＿＿＿

＿＿＿＿＿＿＿＿＿＿＿＿＿＿＿＿＿＿＿＿＿＿＿＿＿

＿＿＿＿＿＿＿＿＿＿＿＿＿＿＿＿＿＿＿＿＿＿＿＿＿

＿＿＿＿＿＿＿＿＿＿＿＿＿＿＿＿＿＿＿＿＿＿＿＿＿

文章仿寫

　　請你仿照上面的寫法，自訂一個主題（可以是人物、事件或景色），想一想給你的條件提示，再運用特寫法與祝福法寫出一篇約 150 至 250 字左右的文章，加油！

❀試找一張照片或一個主題，將它貼上或畫在下列的空格中。

我選了＿＿＿＿＿＿＿＿＿＿＿（主題自訂）

1. 將圖中焦點的影像或特性詳述出來。

2. 說明背後的故事。

3. 你要透過這主題抒發什麼情感？

4. 你對這主題說出你最誠摯的祝福。

　　※上述條件 2、3 的順序可自行調整。

主題	＿＿＿＿＿＿＿＿＿＿

_____

_____

_____

_____

_____

_____

_____

_____

_____

_____

努力加油表

請為自己的認真程度，在右邊時速表
中畫出指針位置，顯示出你的努力程
度，並寫下時速。時速表越快，代表
你越努力唷！

 # 修辭達人練功坊

　　小朋友，還記得在首部曲中所學的幾種修辭法嗎？請完成下面各種修辭方法的練習，測試你的功力哦！

一、成語頂真接龍練習

馬到成功	功成名就	就事論事		

二、請試著將下列轉化的擬物字詞用引號標出來

　　1. 在天願為比翼鳥，在地願作連理枝。

　　2. 她的聲音美得像黃鶯出谷。

　　3. 化我的淚水成串串珍珠，遙寄給遠方的你。

三、映襯配對句：請就下列對稱語詞選擇正確者填入空格內

大幸　　　大嘴　　　優點　　　偉人
1. 這是他的缺點，也是他的（　　　　）。
2. 她張開很小的（　　　　）。
3. 啊！這是一次不幸中的（　　　　）。
4. 我的爸爸是平凡的（　　　　）。

四、排比仿寫

例句	我愛爸爸，也愛媽媽；我愛爬山，也愛游泳。
練習	
例句	這間餐廳，生意興隆；隔壁飯店，門可羅雀。
練習	

五、借代練習：猜猜看下列「」內的詞語代替的事物是什麼？

例句	原來事物
她立志長大後要當「白衣天使」。	
他每天不眠不休的在「爬格子」。	

六、層遞

例句：望著天，看星星，一顆二顆三顆四顆，連成線。
一個和尚挑水喝，兩個和尚（　　　　　　），三個和尚（　　　　　）。
大魚吃小魚，小魚吃（　　　　　），（　　　　　）吃（　　　　　）。

解答篇

❖ 品格 E.Z. go：1.❹　　2.❸　　3.❸　　4.❸　　5.❷

❖ 開頭方法大挑戰～特寫法

一、讀讀看：訂出主題

主題：<u>哥哥生病了</u>

主題：<u>日本夢幻之旅</u>

二、仿寫開頭方法～特寫法

主題：珍惜好朋友

　　郁婷和我從幼稚園到現在，一直都是同班同學，她家開麵包店，大家都說她家的麵包很好吃。郁婷長得<u>很可愛，圓圓的臉上總是掛著笑容，當我心情不好時，還會關心我逗我開心</u>，有了郁婷這個朋友，生活變得更充實，更快樂。

主題：夏日

　　午後，我在稻田旁的小徑散步，陣陣涼風吹來，一股芬芳的泥土味夾雜著花香味撲鼻而來，<u>樹蔭下乘涼的小狗，趴在地上呼呼大睡，遠處的山嵐好像在跟我招手</u>，這樣的美好時光真令我陶醉。

❖ 結尾方法大排戰～祝福法

一、小試身手

祝福的主題？	它與作者有何特殊情感？	作者如何祝福？
家人	1. 溫暖的感覺 2. 溫馨甜美的依靠	大聲說：「我愛你們，謝謝你們。」

祝福的主題？	作者抒發何種特殊情感？	作者如何祝福？
植物人——偉偉哥哥	對弱勢族群的愛與尊重生命	1. 在床畔輕柔呼喚，為他加油打氣。 2. 祝福他「會動，要勇敢哦！」「趕快好起來，和我們一起上學、玩遊戲！」

二、愛在心裡口要開

（自行設計）

❖ **開頭結尾方法大挑戰～特寫法＆祝福法**

文章改寫

改寫開頭：當我上了一整天的課，拖著疲憊的身軀回家，打開家門，飯桌上擺滿了媽媽親手烹煮的佳餚，陣陣的飯菜香味，使得飢腸轆轆的我食指大動，深刻感覺到有媽媽的味道，聽到媽媽督促著我「趕快洗手，準備吃飯了！」心裡更是無限的感動，這真是幸福啊！

改寫結尾：生活中到處充滿著幸福，只要多用心體會，多為人著想，珍惜與家人相聚的每一時刻，相信每天都會充滿喜樂的。祝福家人天天快樂，幸福美滿。

文章仿寫：略

❖ **修辭達人練功坊**

一、成語頂真接龍練習

馬到成功	功成名就	就事論事	事出有因	因小失大
大功告成	成人之美	美中不足	足智多謀	謀事在人

二、請試著將下列轉化的擬物字詞用引號標出來

1. 在天願為「比翼鳥」，在地願作「連理枝」。

2. 她的「聲音」美得像「黃鶯」出谷。

3. 化我的「淚水」成串串「珍珠」，遙寄給遠方的你。

三、映襯配對句

大幸　　大嘴　　優點　　偉人
1. 這是他的缺點，也是他的（優點）。
2. 她張開很小的（大嘴）。
3. 啊！這是一次不幸中的（大幸）。
4. 我的爸爸是平凡的（偉人）。

四、排比仿寫

例句	我愛爸爸，也愛媽媽；我愛爬山，也愛游泳。
練習	妹妹喜歡阿公，也喜歡阿媽；妹妹喜歡閱讀，也喜歡運動。
例句	這間餐廳，生意興隆；隔壁飯店，門可羅雀。
練習	山上景色，風光明媚；山下都市，水泥叢林。

五、借代練習：猜猜看下列「」內的詞語代替的事物是什麼？

例句	原來事物
她立志長大後要當「白衣天使」。	護士
他每天不眠不休的在「爬格子」。	寫文章

六、層遞

例句：望著天，看星星，一顆二顆三顆四顆，連成線。
一個和尚挑水喝，兩個和尚（抬水喝），三個和尚（沒水喝）。
大魚吃小魚，小魚吃（蝦子），（蝦子）吃（綠藻）。

行動與感動

 楔子 :···

　　還記得第一次開會的畫面——每個人坐在會議室裡頭，認真思索著該如何讓讀報與品格、甚至是寫作作結合，以期許讓孩子能從害怕作文到接受它，進而覺得是件有趣的事。

　　於是每個月的教學進度，總是令人既期待又怕受傷害。首先得開始大量閱讀國語日報，從中找到屬於六大品格的文章。我們負責的高年級，必須搭配作文方法——鳳頭豹尾。因此從分配的品格中，除了要找到文章符合該項品格之外，更要符合好的開頭與結尾。為此，我們還利用週六、日前往台北市立圖書館查閱近幾年的國語日報。一起搬出報紙、一起找文章、討論文章內容是否扣緊品格、判定「鳳頭」「豹尾」的開頭結尾法、坐在車中討論首部曲的進行……，種種大家一起努力的過程，是令人難忘的經驗。

「鳳頭豹尾」的震撼彈 :···

　　「什麼！！這是什麼學習單呀！我怎麼都看不懂！」這是當我們準備在班上進行「鳳頭豹尾」教學時，學生的第一個反應。一開始，首部曲、二部曲是在沒有老師講解的情況下讓孩子自行練習，發現中上程度的學生也只能獨自完成百分之九十，空白處普遍都是練習寫開頭或結尾的部分。「老師，這大題我們都不知道要寫什麼！」「我看得懂圖的意思，可是不知道開頭要怎麼寫。」孩子表示沒有接觸過這樣的練習，不確定題意，因此不敢大膽下筆。這讓我深深感覺到練習的重要性，看來提早在小學為國中作文基測作準

備是必要的，讓孩子接觸各種不同的寫作類型。

「開頭結尾大挑戰要書寫的部分太多，而且太難，腦筋要一直動！」「講座部分的範例要是有人說明一下會更好。」「多放一些例題會比較好寫。」……從這些回應之中，提供我們反思拿捏學習單難易度的尺度，也明白孩子對這些學習單的反應為何，看來我們設計的「大補帖」的確有需要改進的空間。

寫作能力提升了嗎？

在教學的過程中，發現大多數孩子喜歡上國文課，但不愛寫作，一聽到寫作，心情就跌到谷底，因為寫作對他們來說，是一件非常困難的事。

「文章和選擇題的部分，可以讓我訓練語文能力。」「博士講座，可以讓我知道怎麼寫開頭和結尾。可以多練習作文，還不錯。」「我好像對各種修辭更了解了。」……運用這三個部曲的學習單引導孩子寫作，發現孩子抗拒的心態降低了，因為孩子對文章寫作方式比以往更了解，寫作時比較有想法該如何下筆，甚至有孩子對於鳳博士、豹博士講座的部分很感興趣，因為他能從中學到開頭結尾的方法，這是課本以外的東西。而在寫作內容方面，就班上低學習成就的孩子來說，雖然還無法寫出架構完整的文章，但現在已能引經據典的寫出一段頗具深度的開頭了，能有這樣的進步令教師們深感欣慰。

教學中的難題

教學過程中遇到了時間不足的難題，想給孩子的東西很多，但不得不有所捨棄，雖然這是能讓孩子自學的學習單，原則上占用上課的時間應該不多，但是對於國語文底子不夠深厚的孩子來說，自學的難度太高，他們需要師長或父母的引導與解說，而這群孩子才是最需要多一些額外練習的人，該如何從現有的時間中取得平衡，這是我們要挑戰的難題。

成長與感動～品格教學的另一章 ⋯

我喜歡聽故事，也喜歡與人分享故事，更喜歡和學生一起討論故事。曾經和小朋友一起看過一部由劉若英、劉德華主演的電影——「天下無賊」，劇中情節大致如下：

> 以偷竊及詐騙為生的扒手情侶王薄和王麗，在火車上兩人巧遇帶著六萬元儲蓄要回鄉的憨直農民——傻根。他的天真善意及純真的「天下無賊」信念，打動了王麗，決意沿途保護他的儲蓄免於遭竊。

> 豈料火車上剛好有另一偷竊集團，早就覬覦傻根這筆鉅款，王麗為了不讓傻根得悉真相，唯有見招拆招；王薄也不甘認輸，為了王麗而毅然接受挑戰。最後，王薄為保護傻根這筆鉅款而與另一偷竊集團的首腦展開生死之鬥，結果王薄賭上自己的生命來成就傻根天下無賊的思想。

看完後，有人覺得王薄好傻，為了幫一個傻小子居然犧牲自己！也有人覺得王薄好偉大，他已經脫離了扒手的角色，完完全全的去幫助一個與自己毫無關係的人，展現出現今社會中人們所缺少的正義之感。其實，是非對錯自在每人心中的一把尺，也許每把尺的標準不一，重點是沒有人喜歡正襟危坐聽人說教，但從一部影片中，孩子的品格觀念已得到釐清。

現在的教師與家長常感受小孩品格有待提升，實在應該要好好教一下，可是卻也常面臨「心有餘而力不足」、不知要如何教的窘況？其實，孩子品格力培養的最好時機與效果就在實際的生活裡。可以從一部影片的內容分享、可以是一則新聞後的討論，更可以結合閱讀活動釐清倫理道德的規範。語文能力、品格提升兩者得兼。

教育家福祿貝爾說：「教育無它，唯愛與榜樣而已。」確實如此，品格力的養成主要還在大人的身教與言教的潛移默化中養成。不過，個人覺得還

有一個頗值得著力的地方，就是提供學生一個豐富品格閱讀環境，而所閱讀的文本就是在學生個人生活周遭隨手可以取得的，它可能是一本書，也可能是一段話、一片 CD，或是欣賞同學認真與誠摯待人的態度等等，因為當環境產生了質變，行為與思考也就會跟著產生改變。盱衡現今社會環境，深覺：現今孩童的品格培養更勝於學業知識的充實，那就是教學生變聰明之前，更先要教學生變好。

一年的「品格教育」是不夠的，孩子們也無法「立竿見影」。而且，如何將品格確實「落實」於生活中，成為「真正」的品格教育，這更是未來的我們該去探討與省思的方向！

國家圖書館出版品預行編目資料

品格怎麼教 2？：讀報與修辭寫作／萬榮輝等著．吳淑玲
策畫主編 .─初版 .─臺北市：心理 , 2008.07
　　　面； 公分 .──（教育現場；26）
高年級版
ISBN 978-986-191-154-0（平裝）

1. 德育　2. 寫作法　3. 語文教學　4. 小學教學

523.35　　　　　　　　　　　　　　　　　　97010492

教育現場 26　**品格怎麼教 2？讀報與修辭寫作【高年級版】**

策 畫 主 編：吳淑玲
作　　　者：萬榮輝等
執 行 編 輯：陳文玲
總　編　輯：林敬堯
發　行　人：洪有義
出　版　者：心理出版社股份有限公司
社　　　址：台北市和平東路一段 180 號 7 樓
總　　　機：(02) 23671490　　傳　真：(02) 23671457
郵　　　撥：19293172　心理出版社股份有限公司
電 子 信 箱：psychoco@ms15.hinet.net
網　　　址：www.psy.com.tw
駐 美 代 表：Lisa Wu　　 tel: 973 546-5845 fax: 973 546-7651
登　記　證：局版北市業字第 1372 號
電 腦 排 版：葳豐企業有限公司
印　刷　者：正恒實業有限公司
初 版 一 刷：2008 年 7 月
初 版 二 刷：2009 年 9 月

讀者意見回函卡

No. _____   填寫日期： 年 月 日

感謝您購買本公司出版品。為提升我們的服務品質，請惠填以下資料寄回本社【或傳真(02)2367-1457】提供我們出書、修訂及辦活動之參考。您將不定期收到本公司最新出版及活動訊息。謝謝您！

姓名：_____ 性別：1□男 2□女

職業：1□教師 2□學生 3□上班族 4□家庭主婦 5□自由業 6□其他____

學歷：1□博士 2□碩士 3□大學 4□專科 5□高中 6□國中 7□國中以下

服務單位：_____ 部門：_____ 職稱：_____

服務地址：_____ 電話：_____ 傳真：_____

住家地址：_____ 電話：_____ 傳真：_____

電子郵件地址：_____

書名：_____

一、您認為本書的優點：（可複選）

　❶□內容 ❷□文筆 ❸□校對 ❹□編排 ❺□封面 ❻□其他____

二、您認為本書需再加強的地方：（可複選）

　❶□內容 ❷□文筆 ❸□校對 ❹□編排 ❺□封面 ❻□其他____

三、您購買本書的消息來源：（請單選）

　❶□本公司 ❷□逛書局⇨_____書局 ❸□老師或親友介紹

　❹□書展⇨____書展 ❺□心理心雜誌 ❻□書評 ❼其他_____

四、您希望我們舉辦何種活動：（可複選）

　❶□作者演講 ❷□研習會 ❸□研討會 ❹□書展 ❺□其他____

五、您購買本書的原因：（可複選）

　❶□對主題感興趣 ❷□上課教材⇨課程名稱_____

　❸□舉辦活動 ❹□其他_____ （請翻頁繼續）

廣　告　回　信
台 北 郵 局 登 記 證
台 北 廣 字 第 940 號

（免貼郵票）

 心理出版社 股份有限公司

台北市 106 和平東路一段 180 號 7 樓

TEL: (02) 2367-1490
FAX: (02) 2367-1457
EMAIL:psychoco@ms15.hinet.net

沿線對折訂好後寄回

六、您希望我們多出版何種類型的書籍

　　❶□心理　❷□輔導　❸□教育　❹□社工　❺□測驗　❻□其他

七、如果您是老師，是否有撰寫教科書的計劃：□有□無

　　書名／課程：＿＿＿＿＿＿＿＿＿＿＿＿＿＿＿＿＿＿＿＿＿＿＿

八、您教授／修習的課程：

上 學 期：＿＿＿＿＿＿＿＿＿＿＿＿＿＿＿＿＿＿＿＿＿＿

下 學 期：＿＿＿＿＿＿＿＿＿＿＿＿＿＿＿＿＿＿＿＿＿＿

進 修 班：＿＿＿＿＿＿＿＿＿＿＿＿＿＿＿＿＿＿＿＿＿＿

暑　　假：＿＿＿＿＿＿＿＿＿＿＿＿＿＿＿＿＿＿＿＿＿＿

寒　　假：＿＿＿＿＿＿＿＿＿＿＿＿＿＿＿＿＿＿＿＿＿＿

學 分 班：＿＿＿＿＿＿＿＿＿＿＿＿＿＿＿＿＿＿＿＿＿＿

九、您的其他意見

＿＿＿＿＿＿＿＿＿＿＿＿＿＿＿＿＿＿＿＿＿＿＿＿＿＿＿＿＿

謝謝您的指教！　　　　　　　　　　　　　　　41126

筆
記
欄

筆
記
欄

筆記欄